I0043242

Manual práctico
de opciones financieras

Manual práctico
de opciones financieras

Una forma equilibrada
de invertir en Bolsa

Pedro José Rascón Ortega

LibrosEnRed

www.librosenred.com

Dirección General: Marcelo Perazolo
Dirección de Contenidos: Ivana Basset
Diseño de cubierta: Daniela Ferrán
Diagramación de interiores: Juan Pablo Vittori

Está prohibida la reproducción total o parcial de este libro, su
tratamiento informático, la transmisión de cualquier forma o
de cualquier medio, ya sea electrónico, mecánico, por fotocopia,
registro u otros métodos, sin el permiso previo escrito de los
titulares del Copyright.

Primera edición en español - Impresión bajo demanda

© Rho Traders Consulting S.L.
© LibrosEnRed, 2007
Una marca registrada de Amertown International S.A.

ISBN: 978-1-59754-289-0

Para encargar más copias de este libro o conocer otros libros
de esta colección visite www.librosenred.com

Este libro está dedicado a la mejor opción que tomé:
mi esposa Pepa,
y a la mayor plusvalía que obtuve: mis hijas
Cristina y Sofía.

Prólogo

La esperanza es, en verdad, el peor de los males porque prolonga las torturas de los hombres.

Friedrich Nietzsche

No hay nada nuevo bajo el sol. Esta frase es especialmente significativa referida al intrincado y maravilloso mundo de las finanzas; y más aun cuando hablamos concretamente de opciones financieras. Consciente de ello, no pretendo que el libro que usted tiene en sus manos aporte ningún conocimiento innovador u original a lo escrito en algunos otros manuales dedicados a estas cuestiones. Sin embargo, sí ha sido mi intención que las explicaciones y enseñanzas de estas páginas puedan ser leídas de una forma totalmente distinta a la acostumbrada.

Lo que justifica esta obra es el propósito de conseguir una presentación lo más útil y sencilla posible a la comprensión del lector, sin términos grandilocuentes; pues no por emplear un lenguaje más accesible la exposición ha de ser menos rigurosa. Se trata de huir del injustificado exceso de retórica con el que nos abordan la mayoría de los escritos financieros, que en muchos casos sólo provocan el hastío y el desinterés del inversor. Se trata de poner útiles herramientas financieras al alcance de todos aquellos que nos movemos en el ámbito de la especulación e inversión, así como de quienes se acercan por primera vez a las inversiones en Bolsa.

Este libro, dirigido a toda persona que desee ampliar sus conocimientos de los mercados financieros, parte de los conceptos fundamentales necesarios para comprender el funcionamiento de las opciones financieras de renta variable y luego elabora la mayoría de las estrategias importantes que se pueden crear, tanto con opciones como con la combinación de éstas con futuros y/o acciones.

El presente trabajo puede ser útil también para los estudiantes universitarios que buscan una visión práctica y complementaria de la aprendida en sus manuales de finanzas aplicadas. A su vez, los inversores particulares y de pequeños patrimonios pueden encontrar en este manual una nueva herramienta para diversificar sus ahorros o combinar sus carteras de acciones, o bien implementar diferentes estrategias de riesgo/beneficio racionalmente calculadas y seguras.

He procurado abordar el tema desde una vertiente práctica en su aplicación cotidiana del mercado. Iré explicando cada concepto con un ejemplo real, obviando el desarrollo técnico de las fórmulas y los métodos de valoración de las opciones, aspecto que el lector podrá encontrar en otras publicaciones de reconocido prestigio académico y universitario.

No hallará usted en estas lecciones una sola fórmula que dañe sus ojos o adormezca su mente; descubrirá un juego que le proporcionará ratos agradables y beneficios adicionales –o como mínimo-, pérdidas controladas.

Deseo que este libro despierte su interés a una forma alternativa de inversión en los mercados financieros y bursátiles; que cuando el elenco de capítulos toque a su fin, pueda usted ser capaz de utilizar en el mercado real las variadas y sorprendentes posibilidades que nos ofrecen las –por algunos denostadas– opciones financieras.

Tal vez entonces compruebe que gracias a estos instrumentos derivados, el mundo –de la especulación financiera, se entiende– es un lugar más amigable, donde el riesgo está controlado y medido.

Por último, permítame recordarle que es de su entera responsabilidad la utilización que haga de su dinero en los mercados bursátiles; mi recomendación es que asuma ese papel y estudie diferentes alternativas, las que podrán dar a sus ahorros una utilidad marginal. Sea lo suficientemente responsable y respetuoso con su capital de inversión y tome su riesgo en aprender nuevas estrategias para su operativa en bolsa; este último será el riesgo que no destrozará su cuenta corriente.

Si esta publicación consigue que algunos lectores puedan no sólo utilizar sino comprender que existen otras posibilidades y herramientas para sus inversiones financieras, tengan por seguro que tanto esfuerzo no habrá sido en vano. Así sea.

El autor

Introducción

Existe una explicación coherente que justifica por qué un libro de opciones financieras no desarrolla un capítulo específico sobre los métodos de valoración de las mismas, aun reconociendo que son el mecanismo de relojería que les otorga existencia. Pues bien, del mismo modo que para calcular una raíz cuadrada o una compleja división usted no usa lápiz y papel, sino que se dota de una sencilla calculadora que le realiza la operación en centésimas de segundo, no es necesario que rellene decenas de páginas para calcular el precio de una opción financiera, entre otras cosas, porque cuando acabe de realizar tan fastuoso cálculo el precio de la opción habrá variado de nuevo.

Desde mi punto de vista, a la hora de su utilización práctica en los mercados reales, es más importante la comprensión conceptual de las diferentes posiciones con opciones y sus estrategias derivadas.

Por otra parte, el cálculo del valor teórico de una opción es diferente al precio en que esa opción se cotiza en el mercado, y por ende, este último será el precio real de compra, el cual diferirá del precio teórico que obtendría tras resolver una compleja ecuación matemática.

En último lugar, como la mayoría de los brokers o agentes a los que usted acudirá a comprar o vender sus opciones financieras ya incorpora sistemáticamente –a modo de calculadora– el precio teórico de las opciones segundo a segundo, no tendrá usted que preocuparse por este trabajo, puesto que le habrá sido facilitado pulcramente.

Por eso, si usted desea investigar o ampliar sus conocimientos sobre los métodos de valoración de opciones, deberá buscar en otros manuales que desarrollan esta cuestión más intensiva y pormenorizadamente.

Hecha esta aclaración, y antes de entrar de lleno en el estudio de las opciones, me interesa resaltar cuatro cuestiones fundamentales:

1. Las opciones financieras no simplemente se compran o se venden, se negocian. Construir estrategias con opciones puede llevar muchos intentos hasta que encontramos un precio aceptable en la horquilla que nos proporciona nuestro broker. Cuando digo que no se compran ni se venden, quiero decir que no se lo hace como cuando se especula con acciones y futuros, que con sólo dar la orden las posiciones están tomadas en el mercado. En las opciones debemos primero conocer el precio teórico para que el precio de mercado de la operación se acerque lo más posible a aquel.

2. Las opciones financieras son utilizadas por el inversor a plazos normalmente más largos que los utilizados con los futuros y las acciones. Las estrategias son más tranquilas y suelen durar varios meses hasta su finalización, lo que no quiere decir que no puedan tener un uso especulativo para períodos de varios días, aunque esto último no suele ser tan frecuente.

3. En tercer lugar, con las opciones financieras podremos realizar "hoy" previsiones casi exactas del resultado de la inversión a la fecha de vencimiento de la operación. Es decir, usted sabrá de antemano cuál será el resultado de su inversión o su máximo riesgo a un precio de mercado y a una fecha predeterminada.

4. Por último, la versatilidad de las opciones nos permite crear estrategias para combinarlas con acciones y/o futuros. Tratamos con una herramienta eficaz por sí sola o en combinación con otros activos, no siendo las opciones por tanto excluyentes de otras inversiones financieras.

Con estas cuatro aclaraciones sólo pretendo hacer ver que se trata de un activo de inversión diferente y complementario a la vez, como cuando se combinan estrategias con acciones y futuros, operación con la que ustedes probablemente ya estén familiarizados.

Parte primera

El comienzo

1. LAS OPCIONES FINANCIERAS. CONCEPTOS NECESARIOS

Si no sabes quién eres, el mercado de valores es un sitio muy caro para descubrirlo.

George Goodman

Existen dos tipos de opciones financieras: call y put; y cada una de ellas puede comprarse y venderse. Las cuatro posiciones fundamentales son: call comprada, call vendida, put comprada y put vendida. Todas ellas serán objeto de análisis. Pero antes de avanzar en su desarrollo, y por motivos pedagógicos, abordaré en primer lugar los conceptos fundamentales necesarios para la mejor comprensión posterior de cada tipo de opción.

Volveremos sobre estas cuestiones preeliminares continuamente cuando empecemos a desarrollar la tipología de las opciones, por lo que asimilarlas con claridad previamente facilitará la rápida comprensión del resto del temario. Para su explicación usaremos un ejemplo que nos permitirá ir desarrollando cada uno de los conceptos.

Imagine que ha visitado un piso, una casa u otro inmueble que le interesa comprar en una fecha próxima. En este momento sólo tiene la "señal" o "entrada" para hacerse con la compra en un momento posterior, cuando se firme –normalmente– la pertinente escritura de compraventa y la propiedad pase a ser suya. Hágase una imagen de esa figura porque en ella están todos los conceptos que necesitamos.

Si usted decidió dar la señal o entrada para el inmueble, lo que ha hecho es <u>una opción de compra</u> a una fecha determinada y futura, cuando se firme la escritura de compraventa (<u>fecha de vencimiento</u>) sobre el piso en cuestión (<u>subyacente</u>) a un precio determinado (<u>precio de ejercicio o strike</u>). Para esto ha depositado una señal o entrada (<u>prima de la opción</u>). Desde el momento en que usted paga la señal (prima), tiene derecho a un bien en una fecha futura, a un precio determinado (strike), pero la propiedad del mismo aún no le pertenece, dado que el vendedor o usted mismo por cualquier causa pueden decidir no ejercer la compra. En este caso, el vendedor se quedará con la señal (prima) y usted la perderá.

Sustituyamos el ejemplo anterior de un bien inmueble por el de un activo financiero, por ejemplo acciones de Telefónica. Supongamos que Telefónica cotiza hoy a 12€ y queremos hacer una opción de compra (idéntica a la de su inmueble).

Vemos la oferta de compra y venta para diferentes strikes (precios de ejercicio) a 12,50€, a 13€ o incluso a 15€, con vencimiento final de año (fecha de vencimiento). En función del precio de ejercicio (strike) que elijamos, pagaremos una prima diferente, como se refleja en la siguiente ilustración:

VENCIMIENTO	STRIKE	COMPRA	VENTA
17/12/2004	10,00	2,11	2,35
17/12/2004	10,50	1,67	1,91
17/12/2004	11,50	0,93	1,11
17/12/2004	12,00	0,63	0,79
17/12/2004	12,50	0,40	0,52
17/12/2004	13,00	0,24	0,32
17/12/2004	13,50	0,11	0,19
17/12/2004	14,00	0,03	0,11
17/12/2004	14,50	0,02	0,04
17/12/2004	15,00	0,02	-

Si elegimos el strike aproximado al precio del subyacente (las acciones), decimos que estamos comprando una opción ATM (At The Money, "a dinero"). En caso de que eligiésemos un strike de 14€, alejado del precio actual del activo (que es, recordemos, de 12€), decimos que la opción es OTM (Out The Money, "fuera del dinero"). Si decidiésemos comprar con un strike inferior a 12€ (el precio del subyacente), por ejemplo a 10€, decimos que la opción es ITM (In the Money, "en el dinero").

Otra forma de definir las opciones es desde la perspectiva de su valor intrínseco. El valor intrínseco de una opción es la diferencia de precio, en un momento del tiempo, entre el strike (precio de ejercicio) y el valor del subyacente. Por ejemplo, si hemos comprado una opción de Telefónica con un strike de 12€ y en un momento posterior Telefónica cotiza a 15 €, el valor intrínseco es de 3€ (el beneficio); en este caso la opción será ITM. Una opción es ITM (In The Money) cuando el valor intrínseco es positivo (hay beneficio). Será ATM (At the The Money) cuando el valor intrínseco coincida aproximadamente con la cotización del subyacente (próximo a 0); en nuestro ejemplo sería tener una opción de strike de 12€ cuando la acción subyacente cotiza a 12,04€. Por último, será OTM (Out The Money) cuando el valor intrínseco sea 0 y esté alejado del precio de ejercicio: compramos strike de 15€ cuando el subyacente cotiza a 12€.

Podemos ver todo esto gráficamente:

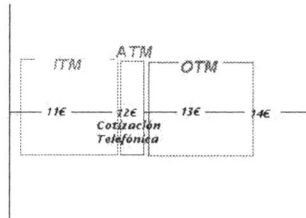

1. **ITM (In The Money)**. Cuando mantiene algún valor intrínseco. La opción está *En el dinero*.
2. **OTM (Out The Money)**. Cuando carece de valor intrínseco, su strike se encuentra más o menos alejado de la cotización del subyacente (*Fuera del dinero*).

3. ATM (At The Money). Cuando el strike coincide aproximadamente con la cotización del subyacente (*A dinero*).

Al valor intrínseco de las opciones, se suma un segundo conjunto de "factores" que hacen variar el precio de las primas de las opciones. Siguiendo con el ejemplo del inmueble, explicaremos los nuevos condicionantes que determinan (junto al valor intrínseco) el precio de la prima de una opción financiera. Estos condicionantes conforman el valor extrínseco que afecta el precio de una opción.

No es lo mismo la compra de un piso con un precio pactado de 1 millón de euros, que la de otro piso de 60.000 euros. Lógicamente, el precio de la señal o entrada (prima) será inferior en el segundo caso. Sería anormal dar una entrada de 6.000€ por el piso de 1 millón de euros, aunque no lo sería tanto en el segundo caso. Lo mismo sucede con las opciones.

El primer factor –y el más importante– que afecta la prima es el precio del subyacente. Aquí hay una relación directa: cuanto más alto sea el precio del subyacente, más valor tendrá la prima; y lo mismo en sentido contrario: cuanto más bajo sea el precio del subyacente, menos valor tendrá la prima. Esta relación recibe el nombre de **delta**, ratio que indica la relación o sensibilidad entre la evolución del precio de la prima y la evolución del precio del activo subyacente.

Como la relación de los dos factores es directa, evidentemente la delta será positiva en nuestro ejemplo. Una delta con valor 0,50 indicará que con movimientos del subyacente el valor de la prima variará en un 50%.

Pero hay otra cuestión importante en el caso del piso que vamos a comprar: como la compra efectiva se realizará en una fecha futura, el valor del piso puede variar con el transcurso del tiempo, y lógicamente esta variación afectará el valor de la prima. Pensemos en un inmueble cuyo precio, por cualquier razón, fluctúa mucho, es decir que el precio se mueve en función de importantes bandazos (mucha volatilidad); o por el contrario, pensemos en una zona donde los precios son aburridamente estables, un sector donde el mercado inmobiliario apenas presenta variación de un año a otro. Bien, pues a la variación del precio de la prima en relación con la variabilidad de precios (volatilidad) del mercado se la denomina **vega**. La volatilidad del mercado influye de forma directa en el precio de la prima: cuanta más volatilidad, mayor precio hay que pagar por la prima de esa opción, y viceversa. La prima será más alta en un activo cotizado cuyas variaciones de precio oscilen en niveles del 30%, que en otro cuyas variaciones sean del 6%.

Otro parámetro relacionado con el anterior es la velocidad con la que varía el precio de la opción respecto a movimientos del activo subyacente. Esta variable, cuyo nombre es **gamma**, está íntimamente relacionada con la volatilidad del activo y no es sino una segunda derivada, que relaciona la fortaleza en las variaciones que se producen en la delta de las opciones según varíe el precio del subyacente. Este parámetro es el que nos indica el "riesgo" asociado a las opciones. Por ejemplo, valores altos, positivos o negativos, indican riesgos altos para esa opción. Iremos desarrollando puntualmente estos conceptos a medida que expliquemos cada una de las posiciones con opciones financieras.

Otro factor que afecta la prima de la opción es el plazo del vencimiento de la operación, es decir, la fecha en que el activo subyacente (el piso) será objeto de nuestra propiedad. Naturalmente, cuanto más tiempo se demore la compra –desde que se ha dado la señal o entrada (pagado la prima)– mayor será el precio de la prima: cuanto más falte para el vencimiento de una opción, mayor cantidad de tiempo se incluirá en el precio de la prima. A esto se lo denomina **theta**, que es la variación o sensibilidad de la prima al paso del tiempo. Cuanto más cercano esté el vencimiento de la opción, menor será el valor de la theta.

Un último factor que afecta –aunque en menor medida– al precio de la prima es el tipo de interés. Cuando compramos una opción, obtenemos el derecho sobre un bien para un tiempo futuro. Como no desembolsamos la totalidad del dinero sino una pequeña parte, nos estamos ahorrando los intereses del resto del valor del bien hasta la fecha de vencimiento. Cuando compramos opciones nos beneficiamos de no pagar intereses, por lo que la **rho** (así se llama a la sensibilidad del precio de la prima respecto a la variación de los tipos de interés) es positiva. Este factor es el que menos afecta el precio de la prima de la opción, de ahí que su importancia sea casi testimonial, sobre todo en épocas con tipos de interés bajos.

Resumiendo: el precio del activo, el tiempo, la variabilidad y –en menor medida– los tipos de interés son los parámetros que definirán el precio de la prima de la opción en lo que se denomina valor extrínseco.

Si calculamos conjuntamente el valor extrínseco y el valor intrínseco de una opción financiera, obtendremos el precio teórico de su prima.

Debemos aclarar que hay dos tipos de opciones, las que se definen en función de la tipología de contratos. Por un lado, las opciones americanas, que se pueden realizar antes de la fecha de vencimiento; es decir que el tenedor de la opción puede ejecutar sus derechos en cualquier momento antes del vencimiento. Sería el caso de querer el otorgamiento de las escrituras antes del plazo pactado. Por otro lado, las opciones europeas, cuyo ejercicio sólo es posible en la fecha de vencimiento elegida. Nosotros trabajaremos con este tipo de opciones, que como se verá en los capítulos subsiguientes pueden ser "cerradas" o "vendidas" con una estrategia.

Creo que con esto hemos abordado ya todos los conceptos fundamentales a la hora de comprender el funcionamiento básico de las opciones financieras. Ahora los ejemplificaremos imaginando una situación práctica:

Opinamos que Telefónica va a sufrir una importante revalorización y deseamos realizar la compra de 1.000 acciones con un plazo de inversión de 12 meses. Como por el momento no disponemos del dinero suficiente, nos decidimos por la compra de opciones. Estudiamos atentamente los precios de las mismas (para ello puede ser de mucha utilidad la página web **http://www.meff.com/index2.html)** y tenemos el siguiente precio teórico:

Ahora bien, queremos comprar opciones sobre Telefónica (subyacente) con vencimiento en un año (17-06-05) a un precio de ejercicio de 12,06€ (strike), para lo que debemos pagar 1,03€ por acción (prima), lo que nos dará derecho a la fecha de vencimiento a quedarnos con 1.000 acciones. Para ello debemos comprar 10 contratos (cada contrato engloba 100 acciones) por los que pagaremos 1,030€, que será el coste de nuestras opciones sobre 1.000 acciones de Telefónica a ese strike y ese vencimiento. En este caso hemos elegido opciones ATM (At The Money) puesto que el strike coincide con el precio del subyacente.

Como se verá, si quisiéramos comprar las acciones en el mercado de contado (spot), tendríamos que desembolsar 12,060€, que sería la compra efectiva; mientras que con la compra de las opciones sobre 1.000 acciones de Telefónica sólo desembolsaríamos 1.030,00€, es decir un 8,5%, teniendo el derecho sobre éstas hasta la fecha de vencimiento.

Si al vencimiento Telefónica cotizara a 15,06€, el valor de las acciones sería de 15.050,00€ (es decir, una revalorización del 24%), mientras que nuestro beneficio habría sido de esos mismos 3,000€, lo que supondría un 191%.

En este caso, decimos que nuestra inversión está apalancada. El apalancamiento se define como la utilización de una pequeña cantidad de dinero aceptando las pérdidas o ganancias en función del valor real de la inversión, que es mucho mayor.

Evidentemente, en nuestro ejemplo, si Telefónica cotizara a la fecha de vencimiento a 10€, habríamos perdido toda la inversión de 1,030€, ya que la opción carecería de valor intrínseco (el valor extrínseco o temporal se extingue al vencimiento).

Por último, sólo resta hacer una pequeña pero importante aclaración para el desarrollo práctico de los siguientes capítulos.

En el ejemplo anterior hemos establecido el precio de la prima en 1,03€; ése es el precio teórico, de valoración técnica, en ese momento sobre el subyacente que hemos utilizado. Pero a la hora de comprar la opción real se hará sobre el precio de mercado al que cotizan las opciones, es decir, el precio con el que demandantes y oferentes desean casar sus operaciones. Todos los activos financieros cotizados tienen una horquilla de precios, en el caso de las opciones también. No es normal que coincida el precio teórico con el precio real de compra, el cual será normalmente menos favorable.

Por esto, como señalé al principio, las opciones se negocian a un precio de mercado que deberá aproximarse lo más posible al precio teórico. En el desarrollo de este trabajo, sólo con fines prácticos utilizaremos siempre el precio teórico.

Resumen de conceptos:

Apalancamiento
Utilización de una pequeña cantidad de dinero, aceptando las pérdidas o ganancias en función del valor real de la inversión, el cual es mucho mayor.

Break even
Nivel a partir del cual nuestra opción entra en beneficios, teniendo en cuenta los costes o ingresos por primas.

Fecha de vencimiento
Fecha final en la que la opción sobre el activo vence y se realiza la liquidación.

Opción
Derecho u obligación sobre un activo financiero –subyacente– a una fecha determinada.

Prima
Precio de la opción.

Precio teórico
Valor técnico de una opción. Se compone de valor intrínseco y valor extrínseco.

Precio de compra
Precio al que se contrata la prima de la opción en el mercado; normalmente difiere del precio teórico.

Strike
Precio de ejercicio de los derechos u obligaciones sobre los subyacentes.

Subyacente
Activo financiero sobre el que se contratan las opciones.

Valor extrínseco de una opción
Conjunto de factores –independientes del valor intrínseco– que afectan el precio de la prima de la opción hasta su venci-

miento. Se definen por las letras griegas: delta, gamma, vega, theta y rho.

Valor intrínseco de una opción

La diferencia de precio entre el strike (precio de ejercicio) y el valor del subyacente.

Valor extrínseco = delta+gamma+theta+vega+rho

Valor intrínseco = precio de ejercicio–subyacente

Valor extrínseco+valor intrínseco = PRECIO DE LA OPCIÓN

2. Posiciones fundamentales con calls

Call comprada

Un contrato de opción call de compra es un <u>derecho a poseer (comprar) un determinado activo (subyacente)</u> a un fecha determinada (vencimiento) y a un precio fijado (strike), <u>por el que se pagará una determinada cantidad (prima)</u>. Quiere decir que cuando compramos una opción call desembolsamos una cantidad: la prima, que nos otorga un derecho sobre el subyacente hasta una fecha determinada. A diferencia de una acción comprada, no somos poseedores del subyacente, sino sólo del derecho sobre el bien, el cual, con el paso del tiempo, veremos si nos interesa o no tener en nuestro poder.

Imaginemos ahora que tenemos una call comprada sobre el futuro del Ibex, por lo que hemos pagado una prima de 200 puntos con vencimiento en un año y a un strike de 8.000 puntos. Nuestro break even (punto de inicio de ganancias) estará en 8.200, cifra hasta la que tiene que subir el Ibex para que entremos en beneficios (200 puntos pagados por la prima más 8.000 puntos del precio de ejercicio o strike al que hemos comprado el futuro). Es evidente que si el Ibex al vencimiento cotiza a 9.000, nos será provechoso ejercer los derechos y embolsarnos 800 puntos.

Sin embargo, si al vencimiento el futuro del Ibex cotiza a 7.000 puntos, no nos interesará ejercer los derechos (de hecho, la opción vencerá sin valor alguno), dado que es más rentable comprar el futuro a 7.000 aunque hayamos perdido la prima de 200 puntos.

Veamos cómo se representa gráficamente la evolución tanto de una acción o un futuro comprado como de una call comprada:

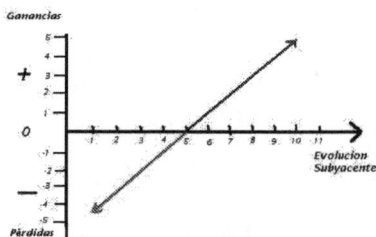

Si compramos una acción a 5 puntos, nuestras ganancias y pérdidas serán directamente proporcionales punto a punto a la evolución del subyacente. En el cuadro anterior podemos ver cómo las ganancias se obtienen a partir de 5 puntos y las pérdidas por debajo del mismo nivel.

Veamos ahora la representación gráfica de una call comprada:

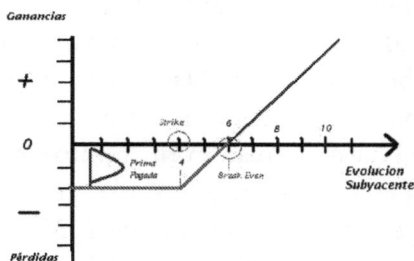

En el ejemplo hemos comprado un determinado subyacente a 4 puntos (strike) y hemos pagado una prima de 2 puntos, lo que nos da el derecho sobre el subyacente a una determinada fecha de vencimiento. Nuestro break even (la suma de la prima más el precio de strike) se sitúa en 6. Observemos cómo evolucionan nuestras posiciones según cotice el subyacente a vencimiento: por encima de 6 puntos del subyacente, ganamos en la misma proporción que él; pero limitamos nuestra máxima pérdida a 2 puntos, independientemente de la bajada que pueda sufrir el subyacente.

Así, lo que hacemos cuando compramos una call es renunciar a una cantidad de posibles beneficios futuros a cambio de limitar nuestro riesgo a determinado nivel ante posibles descensos en el precio del subyacente (lo que viene a ser como renunciar a comer un poco mejor a cambio de dormir más tranquilo).

Antes de continuar, aviso que a partir de ahora, y de nuevo a los fines pedagógicos, vamos a utilizar, para la mayoría de los ejemplos de estos primeros apartados, los contratos de opciones sobre el Ibex-35, cuyas características pueden consultarse en el anexo que se incluye al final de este capítulo. El trabajo sobre este índice no es cuestión de amor patrio, hay razones bien diferentes: al tratarse de un futuro, podremos combinar posteriormente estrategias bajistas, puesto que –como ya el lector sabe– con un futuro podemos tomar beneficios también en períodos bajistas (o perder en períodos alcistas). Las otras dos razones son: utilizar el propio activo subyacente para la homogeneidad de las estrategias y la facilidad de acceso a los datos para la elaboración de las estrategias, pues dispondremos en todo momento de la horquilla de precios para dicho subyacente, lo que facilitará con mucho el desarrollo de los capítulos.

Una última aclaración: absolutamente todas las estrategias que aquí presento con el Ibex-35 son válidas para cualquier otro subyacente que se cotice con opciones en los mercados financieros de cualquier parte del mundo –salvo las especificaciones técnicas de cada contrato, que serán diferentes según el activo y mercado al que pertenezcan: divisas, commodities, acciones, índices, etc.

Visto el concepto de call comprada y su representación gráfica, consideremos ahora una compra real en el mercado.

Comprando una call

Usted piensa que el mercado sufrirá una revalorización durante los próximos meses y desea tomar una posición alcista en el mismo, pero tiene algunas dudas: ¿Cuál activo comprar de los muchos que cotizan en el mercado? ¿Y si los que elijo no son los que se revalorizan (assett allocation)? ¿Cuántos activos debo comprar? ¿Qué significación tendrán sobre los rendimientos finales los gastos en comisiones y los gastos por riesgo de contraparte? Y si llego a equivocarme en mi apuesta, ¿cuál será mi riesgo? ¿Estoy dispuesto a perder hasta los nervios si no me atrevo a vender en un momento determinado con pérdidas, en caso de que la cartera de acciones no evolucione según lo previsto —lo deseado—? ¿Dejaré media vida mirando la pantalla para vigilar mis posiciones?

Realmente el problema no es baladí, pero en un momento de lucidez decide comprar un ejemplar de este manual y encuentra la solución: COMPRAR UNA CALL.

¿Por qué comprando una call cumplo mis deseos y elimino todas las dudas planteadas? Aquí están las respuestas:

1) Al comprar contratos de opciones sobre un subyacente —Ibex— que engloba ponderadamente las 35 principales acciones del mercado español, estoy comprando 35 valores de un golpetazo. 2) Evito el riesgo de apostar por los valores equivocados (assett allocation). 3) Me ahorro importantes cantidades en comisiones y compras de diversos títulos. 4) Soluciono el problema de tener que desvivirme en la pantalla para ver cómo van las cosas. 5) Controlo el riesgo, eligiendo el nivel de riesgo máximo que voy a sufrir en caso de que el mercado vaya contra nuestra posición alcista.

Interesante, ¿verdad? Pues vamos a verlo en vivo, tal como se ejecuta en la práctica.

Lo primero que hacemos es decidir el plazo para el que programamos la inversión; en este caso, usted piensa que un plazo de 6 a 8 meses es razonable y que el máximo riesgo a asumir será de un 10% ó 15%.

Ya tiene la fecha de vencimiento aproximada y el subyacente, tiene también el nivel de riesgo deseado –mejor, el no deseado–; con lo que busca a continuación los diferentes strikes para el citado vencimiento, y observa lo siguiente:

VENCIMIENTO	STRIKE	COMPRA	VENTA
17/12/2004	7.000,00	906,00	924,00
17/12/2004	7.100,00	825,00	843,00
17/12/2004	7.200,00	747,00	765,00
17/12/2004	7.500,00	527,00	545,00
17/12/2004	7.600,00	461,00	479,00
17/12/2004	7.700,00	398,00	416,00
17/12/2004	7.800,00	340,00	358,00
17/12/2004	7.900,00	287,00	305,00
17/12/2004	8.000,00	239,00	257,00
17/12/2004	8.100,00	196,00	214,00
17/12/2004	8.200,00	160,00	174,00
17/12/2004	8.300,00	128,00	138,00
17/12/2004	8.400,00	99,00	109,00
17/12/2004	8.500,00	75,00	83,00
17/12/2004	8.600,00	55,00	63,00
17/12/2004	8.700,00	40,00	46,00
17/12/2004	8.800,00	27,00	33,00
17/12/2004	8.900,00	18,00	22,00
17/12/2004	9.000,00	11,00	15,00

Éstas son las diferentes horquillas de precios de ejercicio que usted encuentra en el mercado para la fecha de vencimiento 17-12-04. En ese momento el subyacente (futuro mini-Ibex-35) cotiza a 7.795 y el strike es de 8.000; comprar una opción call con ese strike (OTM) con vencimiento 17-12-04 le cuesta 257 euros, lo que supone un -3,21%. Como el nivel de riesgo asumido oscila entre un -10% y un -15% decide comprar 4 contratos. Así, obtiene la siguiente fórmula: 4X257=1,028€, que indica un -12,85% de máximo riesgo sobre la cotización actual de 8.000.

Pues dicho y hecho, usted va al broker a comprar sus "salvadoras" 4 call de strike 8.000 para el vencimiento del 17-12-04. Ya está, a dormir tranquilo, el riesgo está controlado.

Pero ¿y la ganancia? Bueno, para eso habrá que esperar al 17-12-04; pero es interesante ver cuál será su rentabilidad en función de la evolución de los precios del subyacente. Así queda la estrategia:

HORQUILLA DE RENTABILIDADES

6000	7000	8000	9000	9500	10000	10500	VALOR FINAL
-11,85%	-11,85%	-11,85%	38,15%	63,15%	88,15%	113,15%	ESTRATEGIA
-28,03%	-10,20%	2,63%	15,46%	21,87%	28,29%	34,70%	IBEX-35

Analicemos estos resultados.

Su <u>máxima pérdida</u> estará en el -11,85%, y será fija siempre que el subyacente no supere el break even en 8.257 puntos. <u>En niveles de 8.500</u> su ganancia será del 13,15%, mientras que el subyacente lo habrá hecho en un 9,04% (desde 7.795 a 8.500). Para <u>valores extremos de subidas del 30%</u> en el subyacente, usted tendrá rentabilidades del 90% en su estrategia. En caso de que el mercado no sufra movimientos significativos al vencimiento, quedaría en peor posición. Así, <u>ante subidas del 2,63%</u>, perdería el -11,85%, que coincide con su máximo riesgo. Y en <u>bajadas del mercado superiores al 11%</u> su estrategia saldría beneficiada.

Por cierto, el <u>peor escenario</u> estaría en variaciones del mercado comprendidas entre el -11% y el +3%, fuera de ese escenario, usted bate el mercado y limita su riesgo.

Tres observaciones:

1) Su estrategia está apalancada en 4 veces porque se supone que su capital a invertir era de 8.000€ y ha invertido 4 contratos, ése era el nivel de riesgo deseado. Lógicamente, usted podrá elegir ese nivel modificando el capital base o el número de contratos. Si hubiera querido reducir su riesgo a la mitad, habría dispuesto del doble capital o comprado sólo 2 contratos.

2) La estrategia está mejorada con respecto al planteamiento inicial, ya que ha invertido el dinero sobrante entre el precio de las primas y el capital disponible (6.972€) en repos de deu-

da con garantía de recompra a 6 meses y le han pagado por ello un 2% anual adicional.

3) Como ha optado por comprar un derecho, la cámara de compensación no le exigirá garantía alguna (de ahí que haya invertido la liquidez en los repos de deuda); en caso de que adopte una obligación con opciones, se le exigirán garantías diariamente en el global de riesgo de su posición.

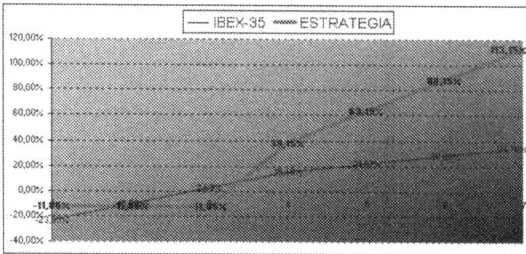

Veamos el precio teórico al que estaba la call que ha comprado en el mercado:

Realmente en ese momento ha conseguido la call a precios inferiores al precio teórico, ya que usted la pagó a 257€ por contrato.

Veamos ahora cómo perjudicará el paso del tiempo el precio de la prima de su opción:

Su **riesgo** está en que el tiempo transcurra y no se produzca el suficiente aumento del precio de la opción como para compensar el valor de la prima. O sea, <u>para que su apuesta sea satisfactoria con una call comprada, debe producirse un aumento de volatilidad y la dirección del mercado debe ser</u>

alcista. De lo contrario, deberá asumir sus pérdidas (eso sí, preestablecidas). Al fin y al cabo, ésa era su apuesta.

Analicemos ahora lo que le indican las diferentes medidas de "sensibilidad" de la opción que ha comprado.

Antes definimos **la delta** como la relación o sensibilidad del precio de la prima con respecto al precio del subyacente. En el ejemplo que estamos viendo, la relación de la opción que usted ha comprado es de signo positivo y valor 0,4327. En las opciones compradas la delta siempre nos indica una relación positiva entre la evolución del subyacente y el precio de la prima, es decir: a mayor valor del subyacente, mayor valor de la prima. Su delta con valor 0,4327 indica que la prima de la opción variará un 43,27% (sin contar apalancamiento) con respecto a las subidas del precio en el subyacente. La delta será mayor (oscila entre 0 y +1) cuanto más ITM sean las opciones, e irá descendiendo en posiciones ATM y OTM por este orden.

Dijimos que **la gamma**, sensibilidad o variación de la delta ante la variación del activo subyacente, era nuestra medida de "riesgo" en las opciones. El valor de la gamma nos indica lo que varía la delta ante subas o bajas del subyacente, es decir, la "velocidad" de subida o bajada. En su caso, la variación de un punto del subyacente aumentará la delta en 0,04 (valor de la gamma por 100). En las opciones ITM los aumentos de volatilidad producen una disminución de la gamma, mientras que se aumenta cuando las opciones están ATM y OTM, puesto que la velocidad de subida es mayor ante aumentos de la volatilidad.

Veamos qué pasa con la **theta**, variación de la prima respecto al paso del tiempo. Evidentemente, en la call comprada el paso del tiempo afecta negativamente porque hemos "pagado" una cantidad para quedarnos con un activo a una fecha determinada; llegada esa fecha —si todas las demás variables se mantienen constantes— nuestra prima se deteriorará en su valor. La theta es siempre negativa para las opciones compradas, indica la pérdida de valor por el paso del tiempo. En el ejemplo de su compra, su prima se deteriorará cada día en 1,36 puntos. En el siguiente gráfico se puede observar cómo evoluciona el deterioro del precio de la opción con respecto al paso del tiempo:

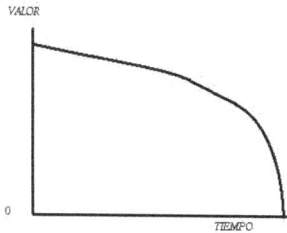

La **vega** mide las variaciones de la prima a la volatilidad (fluctuación) del mercado. Eso explica que en todas las opciones compradas la vega sea positiva, dado que aumentos de volatilidad nos proporcionaran beneficios. Cuando compramos opciones call, lo que en definitiva esperamos es que se produzca un aumento de precios, cuanto más, mejor. La vega mide eso. Así, en el ejemplo de su compra, aumentos del 1% en la volatilidad del mercado lo beneficiarían con 19,45 puntos en el precio de la prima. Las opciones ATM son las que más vega tienen, dado que son las más sensibles a los aumentos de volatilidad; las OTM y la ITM tienen respectivamente menos vega.

El último parámetro, y el menos influyente en cuanto a tipos de interés bajos, es la **rho**, que mide la variación de la prima a la evolución de los tipos de interés. En las opciones compradas siempre será positiva, porque nos beneficia no tener que pagar la compra de todo el valor del subyacente (recordemos que compramos un derecho sobre el subyacente) hasta el vencimiento. En el ejemplo de su compra puede verse la poca variabilidad que tendría sobre el precio de la prima; una subida del tipo de interés en un 1% le supondría a la prima 12,09 puntos.

Fácil, ¿verdad? Pues ahora sabe que si piensa que el mercado subirá en los próximos meses y quiere limitar su riesgo a unos niveles previamente deseados, ya tiene montada su primera estrategia: call comprada. Puede comenzar sus deberes y echar números sobre los distintos strikes que desea y el riesgo que está dispuesto a asumir. Como ve, no es tan complicado como parecía.

CALL PROTECTORA

Vamos a utilizar otra estrategia con calls compradas. Supongamos que, a diferencia del caso anterior, usted apuesta a que el mercado sufrirá un tirón bajista en los próximos meses y le gustaría sacar partido de ello. Además, quiere limitar su riesgo (que sigue oscilando entre el 10% y el 15%) por si su decisión no fuera la acertada. ¿Cómo puede obtener beneficios cuando el mercado está bajista?

Igual que en el caso anterior, utilizaremos las calls compradas pero ahora añadiremos el futuro del Ibex-35. Como sabemos, un futuro nos permite tomar posiciones vendidas desde el inicio (ponernos cortos), de tal forma que vendiendo un futuro sobre el Ibex ganaremos cuando el precio de dicho subyacente cotice a la baja, y perderemos si se producen movimientos alcistas. Su estrategia, gráficamente, será la siguiente:

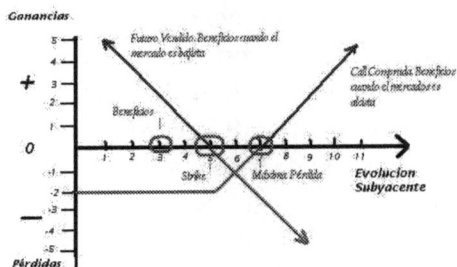

El gráfico muestra la evolución conjunta del futuro vendido y la call comprada. En este caso ha vendido un futuro a 5 puntos, por lo tanto todo lo que el subyacente baje a vencimiento de ese nivel serán ganancias, mientras que todo lo que cotice por encima de ese nivel serán pérdidas.

Al mismo tiempo, ha comprado una call de strike también a 5 puntos, asegurando que a la subida de ese nivel tendrá beneficios, que lógicamente se compensarán con las pérdidas que le acarreará el futuro vendido. Así se mantendrá neutro desde esa posición si el mercado sube.

Sólo falta descontar el coste de las primas de la call comprada, que en el ejemplo ha sido de 2 puntos. Por lo tanto, su situación será de pérdida máxima de 2 puntos; y en caso de que se produzcan caídas significativas de los precios, habrá que restar de los beneficios los 2 puntos que le costó la prima de la call protectora.

Pongamos la estrategia en práctica utilizando los mismos datos que al analizar la call comprada.

El futuro vale 7.795 puntos y usted decide vender cuatro porque piensa que el mercado sufrirá bajadas en los próximos meses. Para cubrirse si el mercado fuera alcista en ese período, decide comprar las 4 calls protectoras con strike de 8.000 (son calls OTM), cuya prima es de 4X257=1,028€; éste será el coste de su "seguro" de protección ante subidas del mercado en los meses siguientes. La pérdida que decide asumir hasta el strike de 8.000 es de 7.795-8.000=-205 puntos, que multiplicada por cuatro contratos sería de 820€. La máxima pérdida en la que incurriría es 1,845€, que supondría un 23,06%, pero como le parece excesiva decide comprar sólo 2 contratos, lo que dejaría su máxima pérdida en (257+205)*2=924€, que supone un 11,55% de máximo riesgo. Ha optado por apalancarse a la mitad. Veamos ahora cuáles serían sus beneficios al vencimiento.

HORQUILLA DE RENTABILIDADES

6000	6500	7000	8000	8500	9000	10000	VALOR FINAL
38,45%	25,95%	13,45%	-11,55%	-11,55%	-11,55%	-11,55%	ESTRATEGIA
23,03%	-18,61%	-10,20%	2,83%	8,04%	15,48%	29,29%	IBEX-35

Gráficamente, ésta sería la estructura de su estrategia:

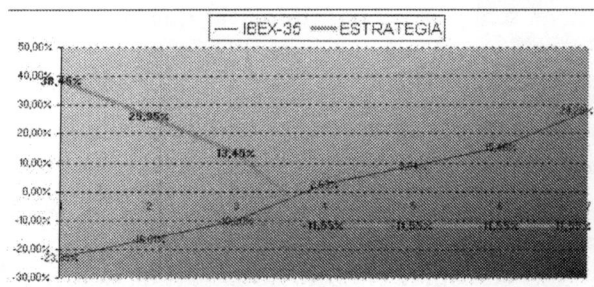

De esta manera, ha logrado construir una estrategia según su apuesta, donde el máximo riesgo es del -11,55% y ante bajadas del mercado logra recoger suculentos beneficios. Esta vez ha optado por un apalancamiento de 2 veces. Su break even (inicio de ganancias) estaría en niveles aproximados de 7.550 puntos del Ibex, y comienza en bajadas del mercado del -10,20%, donde usted alcanzaría un beneficio del +13,45%. Bajadas extremas del 23% del mercado le retornarían beneficios de más del 38%.

En esta estrategia casi no deberá aportar garantías debido a que la posición de los futuros se liquida diariamente; pero a diferencia de lo que sucede en el caso de las call compradas, no sería conveniente invertir dinero "sobrante" en repos de deuda, ya que si la posición del futuro es contraria, habrá que "poner" las diferencias diarias hasta el vencimiento, que se compensarán con la ejecución de la call.

Por otra parte, y como habrá observado, en esta estrategia no sería necesario esperar al vencimiento para poder "recoger" su objetivo de beneficios, porque si el precio del mercado evolucionara rápidamente a su favor y el mercado se fuese velozmente hacia abajo, optaría por cerrar la posición del futuro y "hacer caja" dando por "perdida" la call protectora, la que ya habría cumplido su cometido.

Bonito, ¿verdad?

Anexo I
Especificaciones Técnicas del Ibex-35

Opciones IBEX-35

ACTIVO SUBYACENTE	Un futuro mini sobre IBEX-35 del mismo vencimiento
ESTILO DE LA OPCIÓN	Europea (se ejerce sólo en la fecha de ejercicio)
TIPOS DE OPCIÓN	De compra (call) y de venta (put)
VENCIMIENTOS	Todos los meses. Se negociarán en todo momento, al menos los tres vencimientos correlativos más próximos.
FECHA DE VENCIMIENTO	Tercer viernes del mes de vencimiento
FECHA DE EJERCICIO	La fecha de vencimiento
FECHA DE LIQUIDACIÓN DEL CONTRATO	La posición en futuros, creada como consecuencia del ejercicio de la opción, tomará como fecha valor la fecha de ejercicio al cierre de la sesión.
EJERCICIO	Automático para todos los contratos que aporten beneficio a su tenedor
ÚLTIMO DÍA DE NEGOCIACIÓN	La fecha de vencimiento
PRECIOS DE EJERCICIO	En puntos enteros del futuro mini sobre Ibex-35. Para los contratos con vencimiento superior a dos meses, los precios de ejercicio terminarán en centena exacta. Para los contratos con vencimiento inferior a dos meses, los precios de ejercicio terminarán en 50 o en centena exacta.
FORMA DE COTIZACIÓN DE LAS PRIMAS	En puntos enteros del futuro mini sobre Ibex-35, con una fluctuación mínima de 1 punto; cada punto equivale a 1 euro.
FLUCTUACIÓN MÁXIMA DE LAS PRIMAS	No existe

LIQUIDACIÓN DE LAS PRIMAS	Primer día hábil posterior a la fecha de la transacción
LIQUIDACIÓN DE LAS COMISIONES	Primer día hábil posterior a la fecha de la transacción
GARANTÍAS	Variable en función de la cartera de opciones y futuros. Se suministrarán antes del inicio de la sesión del día hábil siguiente a la fecha del cálculo.

CALL VENDIDA

Un contrato de opción call de venta es la obligación de vender un determinado activo (subyacente) a una fecha determinada (vencimiento), a un precio fijado (strike), por lo que se recibe una determinada cantidad (prima). La posición del vendedor de calls es precisamente la inversa de su comprador. En este caso, se recibe una cantidad (la prima) por la obligación de vender el activo subyacente al strike de la opción y a la fecha de vencimiento.

Veamos su representación gráfica:

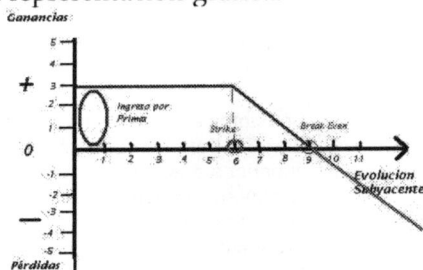

Como se puede observar, en caso de vender una call nuestras ganancias están limitadas al precio de la prima recibida; sin embargo, las pérdidas pueden ser ilimitadas ante aumentos de la volatilidad y mercado alcista. Quien vende opciones call apuesta por una disminución de la volatilidad y/o bajada de los precios del subyacente. En el ejemplo del gráfico anterior, al vender una opción a 6 puntos hemos recibido 3 puntos de prima (que será nuestro máximo beneficio), con el break even situado en 9 puntos. Desde 9 puntos hacia abajo obtendremos beneficios; pero empezaremos a incurrir en pérdidas cuando el mercado suba por encima de 9 puntos.

¿Cómo afecta el paso del tiempo a la call vendida?

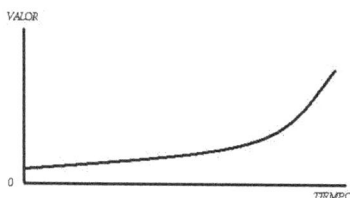

Aquí puede verse cómo el paso del tiempo favorece las posiciones vendidas, sobre todo en el último tramo (normalmente, el 50% del beneficio por primas está entre los 30 y los 45 días previos al vencimiento de la opción).

¿Qué esperamos cuando vendemos una call? Ante todo, una disminución de la volatilidad y/o una bajada en la cotización del subyacente.

A priori, podríamos pensar que quien asume un riesgo ilimitado a cambio de recibir unos beneficios limitados está un poco "perdido". Pero si lo observamos analíticamente no es tan descabellado. Es incluso más fácil que los hechos sean favorables a la venta de calls que a su posición contraria, la compra.

Como ya he dicho, al comprar calls esperamos una subida tanto de volatilidad como de precios; deben darse las dos condiciones, ya que a igual precio al vencimiento perderíamos el valor extrínseco de la opción. Sin embargo, en el caso de las calls vendidas hay sólo una circunstancia que no debe darse: la subida de precio del subyacente; puesto que si la volatilidad es baja también ganaremos gracias a que nos beneficia el paso del tiempo por la prima recibida.

Normalmente, la venta de calls (junto a la venta de puts que veremos más adelante) se utiliza con fines especulativos y suele conllevar más operativa que las estrategias con acciones y futuros.

Veamos ahora las diferentes medidas de la sensibilidad de la call vendida.

La **delta** en las opciones de call vendida es negativa, pues la evolución positiva del activo subyacente va en contra de esta posición. Así, si tenemos una call vendida cuya delta es -0,5000, diremos que el valor de la prima de la opción pierde un 50% de los movimientos alcistas del subyacente.

La **gamma** de una call vendida también es negativa, porque la "velocidad" de una subida del precio del subyacente es perjudicial. Así, diremos que una opción call vendida con gamma igual a -0,04 será -4 deltas, es decir que cada punto del subyacente variará un 4% el precio de la delta.

En el caso de la **theta** ocurre lo contrario. Sabemos que el paso del tiempo es favorable a la posición de las opciones vendidas debido a que el valor temporal disminuye conforme las opciones se acercan al vencimiento. Por tanto, el signo será positivo para las opciones vendidas e indicará nuestro beneficio al paso del tiempo. Así, una theta del 1,35 nos indica que cada día que pase el valor de la prima se reducirá en un 1,35. Ése es el beneficio de las opciones calls vendidas.

También sabemos que la **vega** nos indica la volatilidad implícita del mercado, y que el aumento de volatilidad perjudica las call vendidas; por tanto, este signo será negativo. Así, una vega de -19,33 nos dice que a un aumento de un 1% de volatilidad la prima de la opción subirá 19,33 puntos, lo cual es perjudicial para nuestra posición. Lógicamente, si el aumento de volatilidad ocurre en un mercado bajista, aunque la prima gane valor (o lo pierda para nosotros, que la hemos vendido) se compensará suficientemente con el alejamiento del precio de nuestro strike.

La influencia de la **rho** en el precio de la prima de la opción es casi insignificante. Sin embargo, en el caso de las calls vendidas su signo es negativo, ya que tendríamos la obligación de poseer el subyacente si se ejerciera la opción al vencimiento, con lo que no podemos favorecernos de una subida de tipos de interés. No obstante, una rho de -19 indica que una subida de tipos del 1% afectará escasamente 19 puntos el precio de la prima, y esta cantidad será menor según se acerque la fecha de vencimiento de la opción.

VENDIENDO UNA CALL

Ya vista la teoría, pasemos a la realidad con un ejemplo de venta de calls. En primer lugar, usted decide su posición en el mercado. Va a apostar por que en un plazo de 6 meses la volatilidad del mercado será baja o, en todo caso, no se producirán movimientos al alza significativos. Ante eso, lo que quiere es especular con la apuesta y obtener algunos beneficios.

Primero estudia las horquillas de precios para los diferentes strikes y vencimientos:

VENCIMIENTO	STRIKE	COMPRA	VENTA
17/12/2004	7.500,00	585,00	603,00
17/12/2004	7.600,00	514,00	532,00
17/12/2004	7.700,00	447,00	465,00
17/12/2004	7.800,00	383,00	401,00
17/12/2004	7.900,00	324,00	342,00
17/12/2004	8.000,00	271,00	289,00
17/12/2004	8.100,00	224,00	242,00
17/12/2004	8.200,00	184,00	198,00
17/12/2004	8.300,00	147,00	161,00

El futuro del Ibex cotiza en esos momentos a 7.905 puntos, y para el vencimiento de 17-12-04 el strike de 8.000 tiene una prima de 271 por contrato; es decir, ingresará 271€ por contrato del mini-Ibex-35 (10 contratos equivaldrían a un futuro Ibex-35).

Su objetivo de ganancias se sitúa entre un 12% y un 15% para estos 5 meses, con lo cual opta por vender 4 contratos, que le producen unos ingresos de 271X4=1,084€ (equivalente a un 13,55%). Su inicio de pérdidas se dará por encima de 8.271 puntos del Ibex; de modo que si hasta el vencimiento la revalorización del Ibex es inferior al 4,63%, su estrategia será beneficiosa.

Veamos cuál era el precio teórico de la opción que ha vendido:

El teórico estaba en 285,51 mientras que la horquilla que negociaba era de 271 por 289. Por tanto, ha vendido su call con un diferencial de 14 puntos, que multiplicado por 4 contratos da -56€.

No me cansaré de insistir en que debe tenerse mucho cuidado con las horquillas, sobre todo en el mercado doméstico. No hay demasiado precio para vencimientos de más de 6 meses y unos pocos puntos pueden ser mucho dinero. Las horquillas hay que trabajarlas y negociarlas, no simplemente comprarlas.

Éstos son los resultados al vencimiento y la representación real de su estrategia:

HORQUILLA DE RENTABILIDADES

6500	7000	7500	8000	8500	9000	VALOR FINAL
13,55%	13,55%	13,55%	13,55%	-11,45%	-36,45%	ESTRATEGIA
-17,77%	-11,45%	-4,12%	1,20%	7,59%	13,85%	IBEX-35

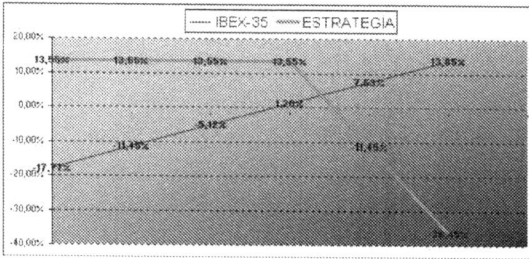

Otra cuestión a tener en cuenta es que al adoptar una posición de riesgo, será necesario aportar garantías. En el caso que estamos viendo, irán evolucionando según la posición vaya o no a su favor. De inicio, se le exigirán 2.700€.

En este ejemplo real usted tiene beneficios desde 8.271 puntos del Ibex hacia abajo, siendo constantes en el 13,55%. Ante subidas muy pronunciadas del mercado del 13,85%, su pérdida aproximada será del -36,45%. Recordemos que su apalancamiento es de 4 veces. Como recibió el importe de la prima en el momento de vender la opción, el saldo de inicio de la cuenta será del capital inicial más las primas ingresadas menos las garantías a depositar (8.000+1.084-2.700=6.384€). En este caso, y siendo cauto, usted no invertirá el capital no dispuesto en repos de deuda, pues ante un movimiento adverso se le irán exigiendo más garantías.

Ya tiene la estrategia terminada. No olvide que en esta posición le favorecen bajadas de volatilidad en el mercado y/o tendencia bajista, mientras que su posición sería negativa si la tendencia fuese alcista con aumento de volatilidad.

Compra y venta simultánea con calls

Antes hemos analizado lo que sería la posición pura de call vendida; ahora construiremos una estrategia simple combinando un subyacente con una call vendida. Vamos a divertirnos.

Usted desea comprar acciones de Telefónica y le encantaría poder venderlas rápidamente si el precio subiese a niveles del 5%. Yo le propongo que las compre y las venda simultáneamente sin necesidad de esperar esa subida. Usted ya cuenta con los conocimientos teóricos necesarios para hacerlo. ¿De qué manera? Vamos a hacerlo juntos.

Telefónica cotiza al día de hoy a 11,98€. Como siempre, elegimos el vencimiento de la operación y el strike. Tenemos lo siguiente:

VENCIMIENTO	STRIKE	COMPRA	VENTA
17/12/2004	10,50	1,65	1,89
17/12/2004	11,00	1,23	1,47
17/12/2004	11,50	0,88	1,06
17/12/2004	12,00	0,57	0,73
17/12/2004	12,50	0,34	0,46
17/12/2004	13,00	0,18	0,26

Decidimos comprar 1.000 acciones de Telefónica a 11,98€, de modo que invertimos 11.980€. Como al comprarlas nuestro deseo es venderlas simultáneamente, vendemos 10 contratos call (cada contrato engloba 100 acciones) sobre Telefónica de strike 12,00€ y vencimiento 17-12-04; por lo que recibimos 570€, que equivale a un 4,75% de la inversión. El precio teórico en esos momentos es de 0,64€ (nosotros hemos vendido en el mercado a 0,57€ porque no hemos "trabajado" la horquilla, éste no sería ya su caso). Es decir, hemos comprado Telefónica a 11,98€ y a la vez nos hemos obligado a vender los 1.000 títulos a 12,00€, por lo que hemos recibido un 4,75%. ¿Qué nos puede pasar?

Si el precio de Telefónica se fuese hacia arriba, tendríamos asegurada la venta con un beneficio del 4,75% desde el primer día, que es lo que planeamos con esta estrategia. Si, por el contrario, el precio de Telefónica cayera, nos quedaríamos con la prima y las acciones, dado que al comprador de nuestra opción no le interesaría ejecutarla porque en el mercado podría comprar las acciones más baratas. En esta hipótesis, habremos perdido un 4,75% menos que el mercado.

Asimismo, en este caso no se nos exigirán garantías, pues el activo que nos obligamos a vender está en nuestra cartera. Si no hubiésemos dispuesto del capital necesario para la compra de las acciones, podríamos haber comprado futuros de Telefónica a ese mismo vencimiento con un desembolso mucho menor, aunque habría que tener en cuenta la liquidación diaria del precio del futuro: el resultado podría ser similar. También podríamos haber utilizado la compra de futuros optando por el apalancamiento a un nivel deseado de riesgo mucho mayor.

Suena interesante, ¿verdad? Es amplia la versatilidad que nos ofrecen las opciones financieras. Lo que estamos viendo aquí sólo es una pequeña muestra de las posibilidades de esta herramienta. Aún nos quedan otras dos posiciones básicas de opciones: put compradas y put vendidas, las que nos ampliarán el universo de posibilidades a la hora de desarrollar estrategias con opciones.

Pedro José Rascón Ortega

Anexo II
Especificaciones técnicas de contratos de opciones sobre acciones

Opciones sobre Acciones

ACTIVO SUBYACENTE	Actualmente son: • ABERTIS • ACERINOX • ALTADIS • AMADEUS • BANCO POPULAR • BANKINTER • BBVA • ENDESA • GAS NATURAL • IBERDROLA • INDITEX • INDRA • REPSOL YPF • SCH • SOGECABLE • TELEFÓNICA • TELEFÓNICA MÓVILES • TERRA • TPI • UNIÓN FENOSA
NOMINAL DE CONTRATO	100 acciones por contrato. Por tanto, el precio de un contrato de opciones sobre acciones con una prima de (por ejemplo) 1,27 euros, será: 100x1,27=127 euros. Debido a decisiones societarias, hay contratos que tienen temporalmente en algunos vencimientos un nominal distinto a 100 acciones por contrato.
ESTILO DE LA OPCIÓN	Americana: se puede ejercer cualquier día hábil hasta la fecha de vencimiento inclusive.

TIPOS	- Call (opción de compra). Esta opción da a su comprador el derecho a comprar, y a su vendedor la obligación de vender, el activo subyacente al precio de ejercicio y hasta la fecha de vencimiento, a cambio del pago (para el comprador) o del cobro (para el vendedor) de una prima. - Put (opción de venta). Esta opción da a su comprador el derecho a vender, y a su vendedor la obligación de comprar, el activo subyacente al precio de ejercicio y hasta la fecha de vencimiento, a cambio del pago (para el comprador) o del cobro (para el vendedor) de una prima.
VENCIMIENTOS	Se negociarán en todo momento, al menos los correspondientes al ciclo marzo-junio-septiembre-diciembre. Adicionalmente podrán introducirse a negociación contratos con vencimiento en los meses no incluidos en el ciclo anterior.
FECHA DE VENCIMIENTO	Tercer viernes del mes de vencimiento
FECHA DE EJERCICIO	Cualquier día hábil hasta la fecha de vencimiento incluida
FECHA DE LIQUIDACIÓN DEL CONTRATO	Para ejercicios anticipados, el primer día hábil posterior a la fecha de ejercicio. Y para ejercicios al vencimiento, en la propia fecha de vencimiento se realizan las compraventas de acciones, que se liquidan en el plazo que les corresponda.
EJERCICIO	El ejercicio se comunicará a MEFF RV conforme al procedimiento establecido en las presentes Condiciones Generales. En su caso, tal como se desarrolle y especifique por Circular, generándose la correspondiente operación bursátil de contado el día hábil siguiente a la comunicación (en el caso de ejercicio anticipado), y en la propia fecha de vencimiento (en el caso de ejercicio a vencimiento). La asignación de ejercicios se hará de forma proporcional, y se les comunicará a los afectados de acuerdo con los horarios que se establezcan por Circular.

ÚLTIMO DÍA DE NEGOCIACIÓN	La fecha de vencimiento
FORMA DE COTIZACIÓN DE LAS PRIMAS	En euros por acción, con una fluctuación mínima de 1 céntimo de euro.
FLUCTUACIÓN MÁXIMA DE LAS PRIMAS	No existe
LIQUIDACIÓN DE LAS PRIMAS	Primer día hábil posterior a la fecha de la transacción
LIQUIDACIÓN DE LAS COMISIONES	Primer día hábil posterior a la fecha de la transacción
GARANTÍAS	Variable en función de la evaluación de la cartera. Se deben constituir antes del inicio de la sesión siguiente.
HORARIO DE MERCADO	Desde las 9:00 a.m. hasta las 5:35 p.m.

3. Posiciones fundamentales con puts

Put comprada

Comenzamos con la tercera posición pura de las opciones financieras. Si hasta ahora habíamos hablado de derechos y obligaciones de compra (calls), es el momento de cambiar nuestro chip y situarnos en el lado de las ventas (puts). Así, un contrato de opción put de compra es <u>un derecho a vender un determinado activo (subyacente)</u> a una fecha determinada (vencimiento) a un precio fijado (strike), <u>por lo que se pagará una determinada cantidad (prima)</u>.

Del mismo modo que con las calls, compramos un <u>derecho</u> de venta que no es una venta efectiva, en su caso, hasta el vencimiento de la opción.

Veamos la representación gráfica:

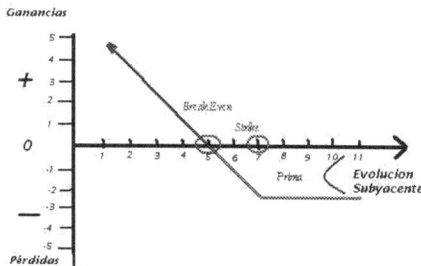

Queremos asegurarnos la venta de un activo subyacente en 7 unidades a una fecha determinada. Para ello pagamos una prima (obtenemos un derecho) de 2 unidades, lo que nos asegura la venta a 7 unidades. Nuestro break even se sitúa en 5 unidades: el precio de strike menos el pago de la prima.

Normalmente, las puts compradas se suelen utilizar para la cobertura de activos, como carteras de inversión, gestoras de fondos de renta variable, etc., con el fin de limitar las pérdidas de valor de los activos en propiedad sin necesidad de deshacerse de ellos.

¿Qué esperamos del mercado cuando realizamos la compra de una put?

Nuestra posición es bajista, estamos apostando por un aumento de volatilidad en dicha dirección. Al contratar la compra de una put, queremos realizar beneficios aprovechando caídas en los precios del subyacente. La posición de riesgo aquí es la subida en el precio.

Valoremos a continuación las diferentes medidas de sensibilidad de la put comprada.

La **delta** en una put comprada tiene signo negativo porque el alza en los precios de la cotización del subyacente produce una devaluación en el precio de la prima. Una delta con valor -0,3855 nos indicará el porcentaje de pérdida de valor de la opción con respecto a los movimientos alcistas del subyacente, así como la ganancia respecto a movimientos bajistas. Cuanto más ITM esté la put, más variación sufrirá el precio de la prima; algo menos sufrirá cuando esté ATM y menos aun en opciones OTM.

De la **gamma** sabemos que nos indica lo que varía la delta ante subidas o bajadas del subyacente, es decir la "velocidad" de subida o bajada; pues igual que en el caso de las calls compradas, la gamma de las puts compradas también es positiva, ya que la velocidad de subida o bajada nos beneficia en una determinada dirección (en este caso bajista, por eso la delta tiene signo negativo).

La **theta** de estas opciones es negativa porque el paso del tiempo perjudica al tenedor de la opción. Cuanto más ITM sean las opciones, más sensible será su prima; a medida que pasemos a opciones ITM y OTM, este factor será progresivamente menos influyente.

La **vega** mide la volatilidad implícita del mercado; en este caso lo que esperamos es precisamente un aumento de volatilidad, por tanto su signo será positivo: aumentos de volatilidad en el mercado (aunque con tendencia bajista) favorecerán el valor de la prima.

La **rho** de una put comprada es negativa porque "teóricamente" supone la tenencia del activo subyacente, el cual tenemos derecho a vender, por lo que no nos podremos beneficiar de una remuneración extra de dinero a tipos de interés vigentes. No obstante, sabemos que éste es un factor inapreciable y que tampoco debe ser significativo al valorar los diferentes tipos de opciones.

COMPRANDO UNA PUT

Llegado el momento de operar, usted cree que la tendencia del mercado será bajista para los próximos meses y espera un aumento de volatilidad en los precios. Como no sabe a ciencia cierta –después de tanto tiempo– cuándo se producirá el esperado movimiento, apuesta por un vencimiento largo de aproximadamente 8 meses. Dado que espera que el aumento de la volatilidad sea importante, va a optar por comprar las opciones OTM, algo alejadas del precio actual de cotización del subyacente, para que el coste de la prima sea menos traumático.

Éstas son las horquillas de cotización de la put para el vencimiento de marzo de 2005:

VENCIMIENTO	STRIKE	COMPRA	VENTA
18/03/2005	7.300,00	266,00	273,00
18/03/2005	7.400,00	299,00	308,00
18/03/2005	7.500,00	332,00	341,00
18/03/2005	7.600,00	367,00	377,00
18/03/2005	7.700,00	406,00	416,00
18/03/2005	7.800,00	449,00	459,00
18/03/2005	7.900,00	494,00	505,00
18/03/2005	8.000,00	544,00	554,00
18/03/2005	8.100,00	578,00	628,00
18/03/2005	8.200,00	636,00	686,00

La cotización en esos momentos del futuro del mini-Ibex es de 7.800 puntos; usted elige el strike de 7.600 puntos OTM, por lo que pagaría una prima de 377€ por contrato y le daría derecho a poder vender a 7.600 puntos hasta marzo de 2005; ganaría por debajo de ese precio.

Su máximo riesgo estaría en un 4,9% si optara por no apalancarse. Como decide que su nivel de riesgo ronde el 10%, resuelve comprar dos contratos del mini-Ibex con una máxima pérdida del 9,66% hasta marzo de 2005.

Veamos gráficamente esta situación hasta el vencimiento:

La horquilla de rentabilidad al vencimiento sería la siguiente:

HORQUILLA DE RENTABILIDADES

5500	6000	6500	7000	7500	8000	8500	VALOR FINAL
44,18%	31,36%	18,54%	5,72%	-7,10%	-9,87%	-9,87%	ESTRATEGIA
-29,49%	-23,06%	-16,57%	-10,26%	3,96%	2,58%	3,97%	IBEX 35

Usted limita su máxima pérdida —previamente definida— ante subidas del subyacente y obtiene más beneficios cuanto más se precipita el mercado, hasta extremos del 44,18% con bajadas del mercado de un -29,49%.

Fin de su posición. ¿Quién dijo que no se pueden obtener beneficios cuando el mercado baja?

CUBRIENDO POSICIONES

Nuestro dilema ahora es que tenemos 2.000 acciones de
Repsol compradas hace mucho tiempo y vaticinamos que en
los próximos meses se producirá una caída significativa en
el precio de las acciones; pero no queremos deshacernos de
ellas en el mercado porque seguimos apostando a muy largo plazo por este valor, y por añadidura puede ser –¿quién
sabe?– que no se produzca la temida caída. Así, optamos
por cubrirnos la posición con puts compradas sobre Repsol.
Supongamos que usted decide hacerlo hasta marzo o junio
de 2005. Estudia las horquillas que cotizan en el momento
de decidirse:

VENCIMIENTO	STRIKE	COMPRA	VENTA
18/03/2005	15,50	0,33	0,38
18/03/2005	16,00	0,44	0,49
18/03/2005	16,50	0,57	0,66
18/03/2005	17,00	0,75	0,84
18/03/2005	17,50	0,98	1,06
18/03/2005	18,00	1,24	1,32
18/03/2005	18,50	1,56	1,66
17/06/2005	14,50	0,27	0,35
17/06/2005	15,00	0,35	0,43
17/06/2005	15,50	0,45	0,53
17/06/2005	16,00	0,58	0,66
17/06/2005	16,50	0,73	0,81
17/06/2005	17,00	0,91	0,99
17/06/2005	17,50	1,13	1,21
17/06/2005	18,00	1,39	1,47

El precio de Repsol es de 17,39€ y el valor de su cartera de
acciones de Repsol es de 34,780€. Usted decide no gastar
más de un 5% en coberturas. Observa los diferentes vencimientos y opta por realizar la cobertura hasta junio de 2005.
La horquilla que más se aproxima a esta cobertura es la de
strike de 16,50 que le costaría 0,81€ por acción. Necesitaría
20 contratos para cubrir el total de Repsol y el coste se situa-
ría en 2000*0,81=1,620€, es decir un 4,65% del valor de la
cartera.

Calcule conmigo lo que ocurrirá al vencimiento en función
de la cotización del subyacente:

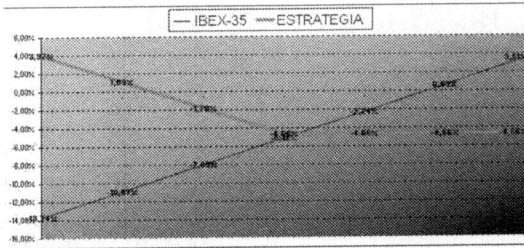

HORQUILLA DE RENTABILIDADES

5500	6000	6500	7000	7500	8000	8500	VALOR FINAL
44,18%	31,36%	18,54%	5,72%	-7,10%	-9,67%	-9,67%	ESTRATEGIA
-23,49%	-23,06%	-16,67%	-10,26%	-3,85%	2,55%	8,97%	IBEX 35

Con la cobertura que ha diseñado, su break even se sitúa en valores cercanos a 15,7€ en la cotización de Repsol, lo que supone no dejar que las acciones se devalúen más allá de un 10% a cambio de pagar un precio de cobertura del 4,66%, que habrá que descontar de la posible revalorización del subyacente en los próximos 10 meses.

Lógicamente, podría haber elegido cualquier otro "nivel" de cobertura que permitiera asegurar precios más cercanos al nivel actual de cotización del subyacente, pero el coste sería también muy superior en caso de que no se diera la caída de la cotización.

Hay que advertir que la compra de put para la "protección" de un activo no debe ser demasiado agresiva, pues ello iría en detrimento de los posibles beneficios futuros. Si estamos constantemente protegiendo un activo, con el tiempo necesitaremos que tenga una gran rentabilidad para obtener unas ganancias decentes. Por eso es aconsejable que las compras de la puts con este fin estén tendiendo a OTM, máxime si lo que se quiere es mantener el activo a largo plazo en cartera.

Vamos a suponer que Repsol, a la fecha vencimiento, cotiza a 15€. ¿Qué puede suceder?

Dos cosas. La primera: simplemente con ejercer su opción le quitarán las acciones al precio de 15€ y le ingresarán el diferencial hasta el strike (16,5€), con lo que le abonan 3.000€. El coste de la prima de la put comprada ya fue pagado a la compra. La segunda cosa: también puede optar el día del vencimiento por mantener sus acciones vendiendo la put que tenía comprada. Como el strike era de 16,5 y el precio al día del vencimiento sólo tiene valor implícito, cierra la posición y se embolsa los 3.000€. Al final, el resultado es el mismo en ambos casos.

Esta estrategia hubiera sido la más acertada, por ejemplo, durante el largo desplome de las cotizaciones desde marzo de 2000. ¿Tenía usted acciones en su portfolio? Pues ya ve, de haberlas tenido cubiertas –que se podía– qué bonito hubiera sido todo, ¿verdad?

PUT VENDIDA

Abordamos ahora la última de las posiciones básicas en opciones: la put vendida. Un contrato de opción put de venta es una obligación a vender un determinado activo (subyacente) a una fecha determinada (vencimiento) a un precio fijado (strike), por lo que se recibirá una determinada cantidad (prima).

La representación gráfica de la put vendida es así:

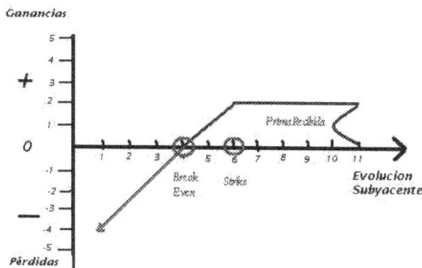

Cuando vendemos una put, recibimos una prima por la obligación de venta del subyacente. Si el strike al que lo hacemos es de 6 puntos; el beneficio por la prima es de 2 puntos y nuestro break even se sitúa en 4 puntos. A partir de este nivel, incurriremos en pérdidas en la misma proporción que lo haga el subyacente. Cuando a vencimiento el subyacente está por encima del strike, nuestros beneficios son fijos y corresponden al precio de la prima. Como en todos los casos, no existe una venta efectiva sino una <u>obligación</u> de venta a una fecha determinada.

¿Qué esperamos del mercado cuando vendemos una put?

Como en todas las posiciones vendidas, esperamos una disminución de volatilidad y/o una tendencia alcista del mercado. Cualquiera de estos dos hechos puede ser beneficioso a esta posición, aunque el mercado estuviese bajista y la volatilidad no fuese alta —aunque no tan beneficioso en tal caso.

Analicemos la sensibilidad a los factores extrínsecos de la prima de la put vendida.

En este tipo de opciones la **delta** es de signo positivo, porque subidas en el precio del subyacente benefician la posición. Cuanto más ITM estén las opciones, mayor será el valor intrínseco; con lo que la probabilidad de ejercitarse será alta, perjudicando la posición. A medida que la delta disminuye de valor, significa que se aleja del strike (alcista) lo que favorece a la put vendida.

La **gamma** de una put vendida es negativa. Ya sabemos que la gamma de la opción indica la variación de la delta ante subidas en el precio del subyacente. Como la opción está vendida, la subida del subyacente no nos afecta en la subida del precio de la opción (nuestro máximo beneficio está en la prima). Por eso, recordemos que la gamma de las opciones vendidas —tanto puts como calls— es siempre negativa.

La **theta** de este tipo de opciones es positiva. El paso del tiempo es favorable a la posición de las opciones vendidas; el valor temporal decrece cuando las opciones se acercan al vencimiento.

La **vega**, dijimos, indica la volatilidad implícita del mercado, pudiendo tener éste mucha variabilidad de precios, o por el contrario, un presentarse menos agresivo. Como es lógico, en las opciones vendidas, un aumento de volatilidad perjudica las posiciones, dado que tenemos una obligación que cumplir. Por lo tanto, la vega de la put vendida será negativa (igual que sucedía con la call vendida).

La **rho** también tendrá signo negativo; siempre es negativa para las opciones de venta (put), pues se supone que no nos podremos aprovechar de una remuneración por tipos de interés. No obstante, éste es un factor que afecta escasamente el precio de la prima, y aun menos en el nivel de tipos con los que nos encontramos en la actualidad.

Vendiendo una put

En este caso apostamos por que el mercado esté falto de volatilidad, pero en todo caso con una tendencia al alza. Como dijimos antes, cualquiera de estas dos circunstancias es favorable al vendedor de opciones put. Vamos a asomarnos al mercado para echar un vistazo ante nuestro interés de vender una put.

VENCIMIENTO	STRIKE	COMPRA	VENTA
17/09/2004	7.700,00	98,00	103,00
17/09/2004	7.750,00	113,00	119,00
17/09/2004	7.800,00	134,00	137,00
17/09/2004	7.850,00	151,00	157,00
17/09/2004	7.900,00	174,00	180,00
17/09/2004	7.950,00	195,00	215,00
17/09/2004	8.000,00	223,00	243,00
17/09/2004	8.050,00	253,00	273,00
17/09/2004	8.100,00	286,00	306,00
17/09/2004	8.150,00	317,00	347,00
17/09/2004	8.200,00	355,00	365,00

Ante una volatilidad baja del mercado, apostaremos por un vencimiento cercano, ya que el riesgo a un aumento de volatilidad crece con el tiempo. Supongamos que usted se inclina por el strike de 7.800 para el vencimiento de un mes y diez días en septiembre de 2004.

El subyacente cotiza en ese instante a 7.870 puntos, se obliga a vender a 7.800 puntos y recibe a cambio de esa obligación 134€ por contrato. Decide apalancarse 2 veces, con lo que elige dos contratos. Su posición al vencimiento sería una ganancia de 268€, un +3,43% en un mes y días en caso de que el subyacente cotice al vencimiento por encima de los 7.800 puntos. Si esto no sucede, tendría un riesgo en aumento conforme la bajada fuese mayor. Así quedará la posición al vencimiento:

HORQUILLA DE RENTABILIDADES

5500	6000	6500	7000	7500	8000	8500	VALOR FINAL
-55,54%	-42,72%	-29,90%	-17,08%	-4,26%	3,44%	3,44%	ESTRATEGIA
-23,49%	-23,06%	-16,67%	-10,26%	-3,85%	2,56%	8,97%	IBEX-35

Aquí se puede apreciar que su máxima ganancia (a un mes y algunos días) está en un 3,44%, siempre que el mercado se encuentre en un nivel superior a nuestro precio de ejercicio. Para movimientos del mercado inferiores a un 2,5% obtendrá más rentabilidad. A partir del nivel 7.000 del Ibex empezaría a perder algo menos del doble de la bajada del mercado; pero no olvide que va 2 veces apalancado.

Como siempre digo, se trata de decidir nuestro grado de aversión al riesgo y echar números para ver lo que queremos del mercado.

COMIENZAN LAS REBAJAS

Sí, en los mercados financieros también existen rebajas durante todo el año. Lo vamos a ver rápidamente. Usted desea hacerse con una cartera de acciones con varios títulos, entre ellos por ejemplo Telefónica, porque cree que el mercado tendrá movimientos alcistas en los próximos meses. En vez de acudir al mercado directamente e ir comprándolos, decide primero ver la horquilla de posiciones de las puts para los distintos valores (lo ejemplificamos con Telefónica) y observa lo siguiente:

VENCIMIENTO	STRIKE	COMPRA	VENTA
17/12/2004	10,50	0,23	0,26
17/12/2004	11,00	0,38	0,41
17/12/2004	11,50	0,56	0,59
17/12/2004	12,00	0,85	0,91

Éstos son los diferentes strikes para el vencimiento de finales de año (4 meses), cotizando Telefónica en ese momento a 11,58€. Si usted vendiese una put sobre Telefónica con strike de 11,50 y vencimiento el 17-12-05, estaría obligado a venderla a ese precio; es decir que por debajo de ese strike tendría que comprarla antes del vencimiento, que al fin y al cabo es lo que quiere.

El número de títulos que desea incorporar a su cartera es de 2.000, lo que supone una inversión en el mercado de spot de 23,160€. Optando por el strike señalado, le abonarían la cantidad de 0,56€*2000=1,120€, o sea un 4,8% de la inversión.

¿Cómo quedarían sus posiciones dentro de 4 meses?

Veámoslo en el siguiente gráfico:

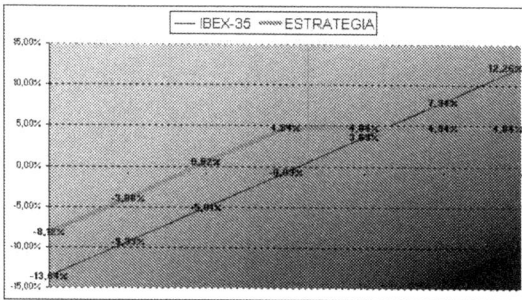

HORQUILLA DE RENTABILIDADES

10	10.5	11	11,5	12	12,5	13	VALOR FINAL
-6,12%	-3,86%	0,52%	4,84%	4,84%	4,84%	4,84%	ESTRATEGIA
-13,84%	-9,33%	-5,01%	-0,69%	3,83%	7,94%	12,28%	TELEFÓNICA

Como ve, siempre que Telefónica cotice al vencimiento por debajo del strike de 11,50, al estar obligado a vender tendría que comprar las acciones, que era su deseo, pero se embolsa una prima de casi el 5%, que es la "rebaja".

En el supuesto de que al vencimiento la cotización fuera superior a 11,50€, no existiría la obligación de comprar las acciones y la put vendida no tendría valor implícito, por lo que se extinguiría y usted se habría embolsado el 5% de la prima. En este último caso, podría iniciar de nuevo la operación de compra con "rebaja" con una nueva put vendida hasta que comprase las acciones que pretende.

Veamos qué sucedería si efectivamente Telefónica cotizase a 10,5€ a la fecha del vencimiento. Pueden darse los siguientes casos:

A) Como usted se había obligado a vender Telefónica a 11,50€ (strike), evidentemente debe comprarlas, pues el comprador de la put (posición contraria a la suya) ejercerá su derecho al tener la opción bastante valor implícito. Por tanto, usted compra las 2.000 acciones de Telefónica que se quedará el comprador de la opción. Su resultado será 10,5-11,5*2.000=-2.000€, y el abono de la prima 1,120€. Tiene una pérdida total de 880€, que equivale a un -3,88€. Entre tanto, la cotización de Telefónica ha caído un 9,33% (de 11,58 a 10,50), por lo cual se ha beneficiado de casi un 5%. Posteriormente, si desea comprar los títulos de Telefónica, puede hacerlo en el mercado de contado, o bien repetir la operación.

B) Otra posibilidad —más idónea— sería comprar la opción put que había vendido el mismo día del vencimiento, cuyo valor extrínseco sería casi nulo, y cerrar la posición. Su pérdida sería aproximadamente la misma que en el caso anterior y podría comprar las acciones o iniciar una nueva venta de puts.

El proceso sería el mismo para cualquier activo de la cartera que quisiera construir.

En este punto hemos terminado con la primera parte del manual. Si usted ha comprendido lo dicho hasta aquí, tiene andada la mayor parte del camino, puesto que el resto será una combinación estratégica de estas posiciones. Enhorabuena, comienza ahora la parte práctica, en la que usted deberá ejercitarse en el manejo –con lápiz y papel– de las estrategias más pertinentes y propicias a sus intereses como inversor.

A continuación, y a modo de resumen, puede verse una matriz de posiciones en función de la volatilidad y tendencia del mercado a modo de síntesis explicativa sobre cómo se ven afectadas las opciones por las variables extrínsecas, según cada una de las posiciones compradas o vendidas.

CALL COMPRADA	CALL VENDIDA	PUT COMPRADA	PUT VENDIDA	
Alcista/alta	Bajista/Baja	Bajista/Alta	Alcista/Baja	**Mercado/Volatilidad**
Ilimitado	Limitado	Ilimitado	Limitado	**Beneficio**
Limitada	Ilimitada	Limitada	Ilimitada	**Pérdida**
Desfavorable	Favorable	Desfavorable	Favorable	**Paso Tiempo**
Compra de 1 Call	Venta de 1Call	Compra de 1 Put	Venta de 1 Put	**Construcción**

4. Resumen de las variables extrínsecas en las posiciones puras de opciones

Delta: indica la relación –sensibilidad– entre la evolución del precio de la prima y la evolución del precio del activo subyacente. *Su valor oscila entre 0 y 1 (para opciones de compra).*

- Valor 1: indica un comportamiento similar al subyacente; correlación perfecta.
- Valor 0: indica ausencia de correlación.
- Valor 0,5: indica una variación de la prima del 50% respecto a la variación del subyacente. Su valor oscila entre 0 y -1 (para opciones de venta).
- Valor -1: indica un comportamiento contrario uno a uno con respecto al subyacente. Bajadas en el precio del subyacente señalan subidas en la misma proporción del precio de la prima.
- Valor 0: indica ausencia de correlación.
- Valor -0,5: indica una variación de la prima del 50% respecto a la variación en sentido contrario del subyacente.

Theta: define la variación del precio de la prima respecto al paso del tiempo.

- Su valor es negativo para las opciones compradas, pues el paso del tiempo las perjudica.
- Mantiene valor positivo para las opciones vendidas, dado que el paso del tiempo las beneficia.

- Una Theta de -1,36 indica el valor que pierde diariamente la prima de una opción comprada.

Gamma: informa de la sensibilidad o variación de la delta a la variación del activo subyacente; es una medida del "riesgo". Nos informa acerca de la "velocidad" de la variación de la delta ante los movimientos del subyacente.

- Su valor es positivo para las opciones compradas, pues un aumento de la "velocidad" del subyacente supone aumentos en el valor de la delta.
- Su valor es negativo para las opciones vendidas, dado que una bajada en la "velocidad" del subyacente supone disminuciones en el valor de la delta.

Vega: informa sobre la variación de la prima de la opción a las fluctuaciones (variabilidad) del activo subyacente.

- La vega es positiva para los compradores de opciones, ya que aumentos de volatilidad son favorables al precio de la prima.
- La vega es negativa para los vendedores de opciones, pues aumentos de volatilidad perjudican el precio de la prima.
- Una vega con valor 19,5 indica que un aumento en la volatilidad del subyacente de un 1% supone un aumento en el valor de la prima de 19,5 puntos.

Rho: indica la variación de la prima de la opción respecto a la variación de los tipos de interés.

- Si somos compradores de opciones, la rho tiene valor positivo, nos beneficiamos de no tener que "desembolsar" el importe nominal del subyacente.
- Si somos vendedores de opciones, la rho tiene valor negativo; dado que en teoría "deberíamos" tener el valor nominal del "subyacente" desembolsado.

- <u>Una Rho con valor 15</u> indica el valor que aumenta el precio de la prima a una subida de un 1% en los tipos de interés.
- La influencia de esta variable es muy escasa; es un parámetro casi testimonial.

Parte segunda

Estrategias básicas
con opciones financieras

No se preocupe por lo que van a hacer los mercados; pre-
ocúpese tan sólo de su respuesta ante el movimiento de los
mercados.

Michael Carr

En esta parte estudiaremos las estrategias más importantes que
se pueden construir a partir de la combinación de las cuatro
posiciones puras: call comprada, call vendida, put comprada
y put vendida. Abordaremos el tema presentando la construcción de cada estrategia en función de la volatilidad y dirección
del mercado. Posteriormente, y con la misma modalidad usa-
da en la primera parte, presentaremos un ejemplo real para
clarificar la exposición.

Es necesario realizar una consideración puramente operativa que será fundamental a la hora de poner en práctica estas
estrategias. Al tratarse de dos posiciones, cuando realizamos
la entrada al mercado debemos tener en cuenta que será más
rentable pedirle al broker cotización para "estrategia", es decir,
que nos dé el precio en conjunto para las dos posiciones que
queremos tomar. Si lo hacemos así, el diferencial de la horquilla siempre será mucho más reducido que si lo realizamos como dos operaciones individuales –como decimos en la jerga,
por "patas sueltas".

No es lo mismo acudir al mercado por dos horquillas de precio que hacerlo de una sola vez; se ahorran muchos puntos de deslizamientos haciéndolo por "estrategia". Por otra parte, como suelen ser posiciones contrarias para la construcción de la estrategia, el precio "global" de la misma se compensa de una pata a otra, independientemente de la fluctuación del mercado en el momento que se están pidiendo los precios al broker.

Comprando un futuro con opciones

Con la combinación de dos posiciones puras podemos construir un futuro "sintético", el cual se comportaría exactamente igual que si realizásemos su compra en el mercado. Para construir la posición deberemos <u>comprar una call con un strike ATM y vender simultáneamente una put del mismo strike</u>.

Como una posición es compradora y la otra vendedora, resultará una prima casi "neutra", porque recibimos prima por la venta de la put y a la vez la pagamos por la compra de la call. La ventaja de esta estrategia es que podemos "decidir" el precio al que construimos el futuro "sintético", eligiendo para ello los diferentes strikes, más ITM o más OTM. Por supuesto, la prima saldrá a pagar cuanto más ITM esté el futuro o recibiremos prima cuanto más OTM esté el strike. Veámoslo con un ejemplo.

El futuro del Ibex cotiza al cierre de hoy a 7.685. Usted analiza los diferentes strikes para construir el sintético a diferentes precios.

Call

VENCIMIENTO	STRIKE	COMPRA	VENTA
17/09/2004	7.000,00	713,00	731,00
17/09/2004	7.100,00	621,00	639,00
17/09/2004	7.200,00	533,00	551,00
17/09/2004	7.300,00	448,00	466,00
17/09/2004	7.400,00	368,00	386,00
17/09/2004	7.500,00	294,00	312,00
17/09/2004	7.600,00	226,00	244,00
17/09/2004	7.700,00	168,00	182,00
17/09/2004	7.750,00	145,00	155,00
17/09/2004	7.800,00	122,00	132,00
17/09/2004	7.850,00	101,00	111,00
17/09/2004	7.900,00	83,00	91,00
17/09/2004	7.950,00	67,00	75,00
17/09/2004	8.000,00	53,00	61,00

Va a construir un primer futuro sintético con strike de 7.700 cuyo vencimiento es septiembre de 2004. La horquilla de precios está en 168-182 para el strike de la call que debe comprar; el teórico es 175. Lo hacemos al precio teórico por conveniencia pedagógica (recordará el lector que lo aconsejable es que le coticen la estrategia conjunta).

Put

VENCIMIENTO	STRIKE	COMPRA	VENTA
17/09/2004	7.000,00	22,00	26,00
17/09/2004	7.050,00	25,00	31,00
17/09/2004	7.100,00	30,00	36,00
17/09/2004	7.150,00	35,00	41,00
17/09/2004	7.200,00	41,00	47,00
17/09/2004	7.250,00	37,00	-
17/09/2004	7.300,00	55,00	63,00
17/09/2004	7.350,00	65,00	73,00
17/09/2004	7.400,00	75,00	83,00
17/09/2004	7.450,00	87,00	95,00
17/09/2004	7.500,00	99,00	109,00
17/09/2004	7.550,00	114,00	124,00
17/09/2004	7.600,00	131,00	141,00
17/09/2004	7.650,00	148,00	162,00
17/09/2004	7.700,00	169,00	183,00
17/09/2004	7.750,00	192,00	210,00
17/09/2004	7.800,00	218,00	236,00
17/09/2004	7.850,00	247,00	265,00
17/09/2004	7.900,00	279,00	297,00
17/09/2004	7.950,00	313,00	331,00
17/09/2004	8.000,00	348,00	366,00

La venta de la put con strike de 7.700 cotiza en una horquilla entre 169-183 (casi idéntica a la call), el precio teórico es también de 175€ por contrato. Al vender la put, recibe una prima de 175€.

El resultado es comprar un futuro "sintético" cuyo coste es 0; exactamente igual que si hubiera comprado un futuro real.

Veamos cómo quedaría su posición al vencimiento:

HORQUILLA DE RENTABILIDADES

6500	7000	7500	8000	8500	VALOR FINAL
-15,38%	-8,97%	-2,56%	3,85%	10,26%	ESTRATEGIA
-15,42%	-8,91%	-2,41%	4,10%	10,81%	IBEX-35

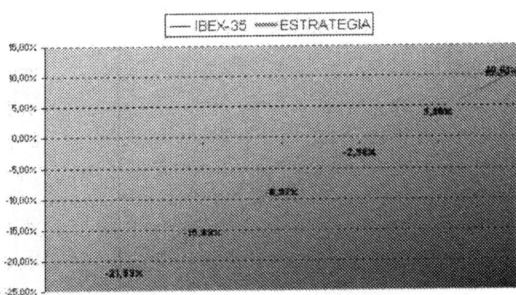

En los resultados y en la representación gráfica se puede observar cómo el comportamiento es casi igual a la compra de un futuro en el mercado; existen leves desajustes que son evidentes por la no- coincidencia del precio del futuro con el strike que usted ha elegido.

Ahora se le presenta la pregunta de rigor: ¿en qué lo beneficia construir un futuro sintético en vez de comprarlo directamente en el mercado?

En flexibilidad: puede no sólo elegir el precio al que lo compra, sino el vencimiento al que lo quiere. De entrada se ahorra tener que realizar los roll-over en el vencimiento mensual de los futuros, y podrá planificar estrategias para muchos meses, e incluso a dos años, sin tener que cambiar continuamente las posiciones mes a mes por el vencimiento de los contratos. Adicionalmente, huelga decir que el paso del tiempo no afecta esta estrategia, ya que la pérdida de valor de la call se compensa con el valor que toma la venta de la put a medida que se acerca al vencimiento.

Construyamos ahora un futuro "sintético" comprado al strike de 7.000. Habíamos dicho que el futuro cotiza en esos momentos a 7.685. El precio teórico para la compra de la call a 7.000 con vencimiento en septiembre (un mes y 5 días) es de 722€ y la venta de la put le reporta 24€, con lo que comprar un futuro a 7.000 puntos le cuesta 698€ por contrato.

La diferencia entre el strike elegido y la cotización actual del futuro es de 685 puntos, con lo que ha pagado aproximadamente 13 puntos de diferencial de cotización; aunque habrá elegido el precio exacto al que desea comprar el futuro, así como el vencimiento. También puede hacer esta operación para distintos vencimientos más o menos alejados en el tiempo; el resultado es siempre el mismo.

Vendiendo un futuro con opciones

Por supuesto, así como construimos un sintético de compra de futuros podemos hacer lo contrario, es decir, venderlo. Todo lo dicho para el caso anterior es aplicable aquí, sólo que en este caso adoptamos una posición bajista en el mercado, ganando cuando la cotización del futuro tiene tendencia a la baja.

El futuro vendido se construye con la compra de una put y la venta de una call con el mismo strike y el mismo vencimiento. Tomemos los mismos datos que en el ejemplo anterior y veamos los resultados.

Vende un futuro sintético a 7.700 cuando la cotización del futuro es de 7.685. Si vende una call de dicho strike, recibe una prima de 175€ por contrato y paga la compra de la put con ese mismo strike de 175€, que es el precio teórico. La situación final será la siguiente:

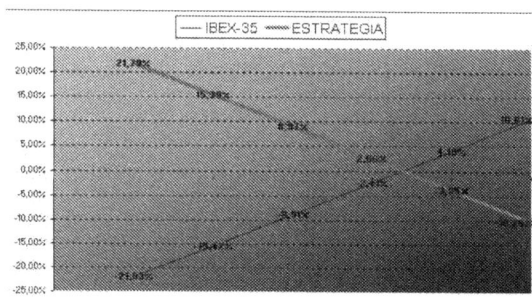

Gana en la misma proporción que la bajada del subyacente sobre el que creó el sintético. Por supuesto, en esta estrategia también podría elegir tanto el precio al que quiere vender como el vencimiento; la flexibilidad es la misma.

Recordemos, por último, que estas estrategias se pueden realizar sobre otros subyacentes como las acciones; el procedimiento será exactamente idéntico al que aquí hemos realizado para el mini-Ibex.

Cuando compramos o vendemos un futuro sintético, no nos preocupa tanto <u>la volatilidad del mercado como su tendencia</u>. Dado que estamos construyendo una estrategia cuyo valor extrínseco tiende a 0, las deltas y las thetas tienen signo contrario en cada pata de la estrategia. Lo que esperamos es simplemente un alza o una baja en los precios según sea nuestra posición comprada o vendida. Para ambas posiciones, las ganancias y las pérdidas son igualmente ilimitadas.

SPREAD ALCISTA

Con esta combinación no nos deberán preocupar los aumentos o disminuciones de la volatilidad, sólo intentamos "cerrar" un diferencial de precios (spread) apostando por que el mercado será alcista.

Existen dos maneras de construir un spread alcista:

1. Comprando y vendiendo simultáneamente una call de strike superior, ambas del mismo vencimiento.
2. Vendiendo y comprando simultáneamente una put de strike inferior, ambas con el mismo vencimiento.

En los dos casos obtendremos beneficios conocidos de antemano si el mercado es alcista, y también tendremos pérdidas limitadas y conocidas en el supuesto de que los precios evolucionen en contra de la posición.

Construyamos la estrategia en los dos casos comentados, con vencimiento de septiembre, a un mes y algunos días vista.

Ésta es la horquilla de cotizaciones para las calls:

VENCIMIENTO	STRIKE	COMPRA	VENTA
17/09/2004	7.000,00	713,00	731,00
17/09/2004	7.100,00	621,00	639,00
17/09/2004	7.200,00	533,00	551,00
17/09/2004	7.300,00	448,00	466,00
17/09/2004	7.400,00	368,00	386,00
17/09/2004	7.500,00	294,00	312,00
17/09/2004	7.600,00	226,00	244,00
17/09/2004	7.700,00	168,00	162,00
17/09/2004	7.750,00	145,00	155,00
17/09/2004	7.800,00	122,00	132,00
17/09/2004	7.850,00	101,00	111,00
17/09/2004	7.900,00	83,00	91,00
17/09/2004	7.950,00	67,00	75,00
17/09/2004	8.000,00	53,00	61,00

El futuro cotiza en ese momento a 7.685 puntos y usted se decide por realizar el spread de unos 200 puntos; para ello va a comprar la call ATM de 7.700 y venderá simultáneamente la call de 7.900 para el mismo vencimiento. La pérdida máxima coincide con el diferencial de coste entre la prima pagada por la compra de la ATM y la venta de la OTM: -175+87=88€; éste sería el coste de la estrategia (sin apalancamientos).

En caso de que al vencimiento el subyacente cotice por encima del strike de la call vendida (7.900), su beneficio máximo sería de 200€ por el spread (7.700-7.900) menos el coste de las primas (88), con lo que estaría en 112€. Es decir, limita su pérdida al pequeño porcentaje de -1% para unos beneficios esperados de +1,45%. Veámoslo gráficamente:

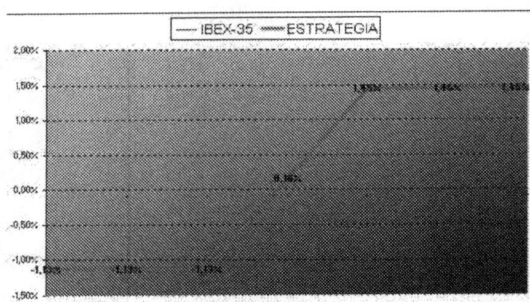

Como puede observarse, en este caso no lo afectan aumentos o descensos de volatilidad, sólo desea que el precio se marche a la dirección correcta para usted. Tanto los beneficios como las pérdidas son limitados y conocidos de antemano. Se pueden construir tantos spread como se deseen, "apostando" más o menos según el strike y el vencimiento elegido. Ya ve que no es complicado, sólo se trata de acertar con el movimiento.

Si construimos la estrategia de la segunda manera propuesta, el resultado gráfico es el mismo. Venderíamos la put de 7.700 y compraríamos la put de strike de 7.500. El diferencial de primas por contrato sería: +175-104=71€.

VENCIMIENTO	STRIKE	COMPRA	VENTA
17/09/2004	7.000,00	22,00	26,00
17/09/2004	7.050,00	25,00	31,00
17/09/2004	7.100,00	30,00	36,00
17/09/2004	7.150,00	35,00	41,00
17/09/2004	7.200,00	41,00	47,00
17/09/2004	7.250,00	37,00	-
17/09/2004	7.300,00	55,00	63,00
17/09/2004	7.350,00	65,00	73,00
17/09/2004	7.400,00	75,00	83,00
17/09/2004	7.450,00	87,00	95,00
17/09/2004	7.500,00	99,00	109,00
17/09/2004	7.550,00	114,00	124,00
17/09/2004	7.600,00	131,00	141,00
17/09/2004	7.650,00	148,00	162,00
17/09/2004	7.700,00	169,00	183,00
17/09/2004	7.750,00	192,00	210,00
17/09/2004	7.800,00	218,00	236,00
17/09/2004	7.850,00	247,00	265,00
17/09/2004	7.900,00	279,00	297,00
17/09/2004	7.950,00	313,00	331,00
17/09/2004	8.000,00	348,00	366,00

Su estrategia le aporta un 0,92% de máximo beneficio contra -1,35% de máxima pérdida. Está claro que en este caso las puts son más caras, con lo que le convendrá realizar "hoy" el spread con calls en vez de con puts; aunque lo importante es notar que la figura gráfica es idéntica en ambos casos. Lo demás es cuestión de ir haciendo números y eligiendo el potencial más acorde con sus intereses de beneficio *versus* riesgo.

Pasamos ahora a la estrategia contraria.

Spread bajista

En lo fundamental esta estrategia es equivalente a la del spread alcista, pero se beneficia de una posible bajada de los precios en el mercado. Igual que en el call spread, no tenemos una idea clara sobre los aumentos o disminuciones de volatilidad, los cuales nos influyen levemente. Lo que buscamos es que el precio vaya a nuestro favor. Los beneficios y las pérdidas son igualmente limitados.

Existen dos formas de construir un spread bajista:

- Comprando una put y vendiendo otra de strike inferior con el mismo vencimiento.
- Comprando una call y vendiendo otra simultáneamente de precio de ejercicio inferior con el mismo vencimiento.

Vamos a simular la realización del spread bajista con la segunda de las formas comentadas, con calls.

Veamos la horquilla de precios de las calls:

VENCIMIENTO	STRIKE	COMPRA	VENTA
17/09/2004	7.000,00	713,00	731,00
17/09/2004	7.100,00	621,00	639,00
17/09/2004	7.200,00	533,00	551,00
17/09/2004	7.300,00	448,00	466,00
17/09/2004	7.400,00	368,00	386,00
17/09/2004	7.500,00	294,00	312,00
17/09/2004	7.600,00	226,00	244,00
17/09/2004	7.700,00	168,00	182,00
17/09/2004	7.750,00	145,00	155,00
17/09/2004	7.800,00	122,00	132,00
17/09/2004	7.850,00	101,00	111,00
17/09/2004	7.900,00	83,00	91,00
17/09/2004	7.950,00	67,00	75,00
17/09/2004	8.000,00	53,00	61,00

La cotización del subyacente es de 7.695. Usted compra la call ATM de strike 7.700, por la que paga una prima de 175€ (precio teórico). Vende una call ITM de strike de 7.200 del mismo vencimiento a septiembre, por lo que recibe 542€ (precio teórico). Así, resulta un beneficio de +367€ por contrato; ése será su máximo beneficio. La pérdida máxima en que incurrirá si el mercado es alcista será de -133€ por contrato: -500€ por el spread entre 7200-7700, +367€ por ingreso de primas.

Veamos el resultado de su posición:

HORQUILLA DE RENTABILIDADES

HORQUILLA DE RENTABILIDADES

6700	7000	7200	7600	7900	8200	8500	VALOR FINAL
4,77%	4,77%	3,47%	-0,43%	-1,73%	-1,73%	-1,73%	ESTRATEGIA
-12,98%	-8,09%	-5,19%	-1,92%	2,80%	6,49%	10,39%	IBEX-35

En un rango intermedio poco volátil, su apuesta es de -1,73% de máxima pérdida contra +4,77% de máxima ganancia si el mercado finalmente opta por los derroteros de su previsión. Observe cómo cuanto más amplio es el spread, más le favorece el ratio beneficio/pérdida. Ello se debe a que está de entrada ingresando todo el spread (en su caso 500 puntos) y restándole el pago de las primas, cuyo valor extrínseco se compensa con el tiempo al tener posición comprada y vendida simultáneamente.

Si queremos confeccionar el spread bajista con puts, deberemos comprar la put At The Money, en su caso 7.700, y vender la put OTM de strike 7.200. El resultado neto será el pago de prima al principio, que es su máxima pérdida, la cual compensa si efectivamente se cierra el spread con una bajada en el precio del subyacente a su vencimiento.

En ambos casos la figura del spread será la misma:

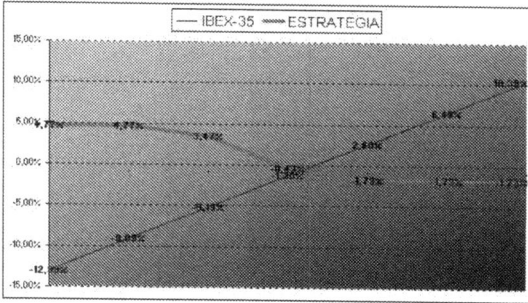

Tal como muestra el gráfico, los resultados posibles son totalmente simétricos a los resultados de la spread alcista antes diseñada.

Túnel alcista

Esta posición, igual que las anteriores, no se perjudica con los aumentos o disminuciones de volatilidad en el mercado, siendo muy parecida a la compra del futuro "sintético". Por tanto, cuando la construimos esperamos aumentos de precio del subyacente, con la diferencia de que nos proporciona una "pequeña" protección si el precio se dispara contra nuestra tendencia.

La estrategia se construye <u>comprando una call de strike ATM (precio de ejercicio similar al de cotización del subyacente en esos momentos) y la venta simultánea de una put un poco OTM (Fuera del dinero).</u>

La única variación con respecto al futuro comprado es que en el caso del túnel la put vendida no es del mismo strike que la call, sino que es de tipo OTM, lo que nos dará un colchón en bajadas de precio cercanas al strike de la call.

Realicemos una compra real en el mercado y observemos su representación gráfica.

El futuro del Ibex cotiza a 7.625 puntos. He aquí la posición de las horquillas de precios para la call y la put:

Call

VENCIMIENTO	STRIKE	COMPRA	VENTA
17/09/2004	7.400,00	312,00	342,00
17/09/2004	7.450,00	281,00	301,00
17/09/2004	7.500,00	247,00	267,00
17/09/2004	7.550,00	218,00	224,00
17/09/2004	7.600,00	187,00	190,00
17/09/2004	7.650,00	160,00	166,00
17/09/2004	7.700,00	134,00	140,00
17/09/2004	7.750,00	112,00	118,00
17/09/2004	7.800,00	92,00	98,00
17/09/2004	7.850,00	75,00	80,00
17/09/2004	7.900,00	60,00	66,00
17/09/2004	7.950,00	48,00	53,00
17/09/2004	8.000,00	37,00	43,00

Put

VENCIMIENTO	STRIKE	COMPRA	VENTA
17/09/2004	7.000,00	18,00	-
17/09/2004	7.100,00	34,00	43,00
17/09/2004	7.150,00	39,00	49,00
17/09/2004	7.200,00	51,00	56,00
17/09/2004	7.250,00	56,00	61,00
17/09/2004	7.300,00	65,00	70,00
17/09/2004	7.350,00	75,00	81,00
17/09/2004	7.400,00	87,00	92,00
17/09/2004	7.450,00	100,00	106,00
17/09/2004	7.500,00	115,00	121,00
17/09/2004	7.550,00	132,00	139,00
17/09/2004	7.600,00	152,00	158,00
17/09/2004	7.650,00	174,00	180,00
17/09/2004	7.700,00	199,00	205,00

Cuando compra la call, lo hace con strike de 7.650 puntos, por lo que paga una prima de 166€ por contrato sobre Ibex con vencimiento septiembre de 2004.

En cuanto a la put, vende strike de 7.300 puntos y recibe 65€ por contrato. El resultado neto de primas es de -101€ por contrato.

Su posición para el vencimiento de la estrategia que vence en los próximos 38 días será la siguiente:

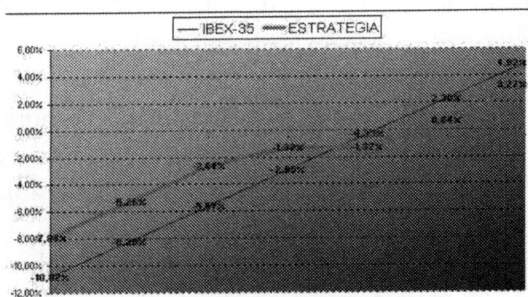

Y éstos serán los resultados:

HORQUILLA DE RENTABILIDADES

6800	7600	7200	7400	7650	7800	8000	VALOR FINAL
-7,58%	-5,26%	-2,64%	-1,32%	-1,32%	0,64%	3,27%	ESTRATEGIA
-10,82%	-8,20%	-5,57%	-2,95%	-0,32%	2,30%	4,92%	IBEX-35

Como puede observarse, el comportamiento es casi idéntico al futuro comprado, con la salvedad de que entre los strikes de las opciones (7.650-7.300) aparece un colchón que amortigua la bajada (túnel) casi un 3%. Por el contrario, en las subidas del subyacente tan solo cedemos un pírrico -1,65%.

Es interesante utilizar esta estrategia en sustitución del futuro comprado cuando esperamos que la volatilidad no sea excesivamente alta, lo que nos beneficiará si al vencimiento el precio ronda la zona de los strikes.

El túnel también se puede realizar comprando la call un poco OTM. En este caso, la línea recta que se configura entre los strikes será más larga, pero a cambio necesitaremos más volatilidad del mercado a nuestro favor para poder lograr los mismos beneficios. Es cuestión de ir ensayando las diferentes posibilidades y adecuar la estrategia en función de su perfil inversor o de su apuesta.

Vale resaltar que en esta estrategia no hemos utilizado apalancamiento alguno, lo simularemos a continuación, en el análisis del túnel bajista.

Túnel bajista

Lo expuesto para el túnel alcista nos sirve para estudiar esta estrategia, con la diferencia de que lo que buscamos en este caso son bajadas en el movimiento del subyacente. La configuración es parecida al futuro sintético vendido y el paso del tiempo no afecta la prima, dado que realizamos simultáneamente compra y venta de opciones.

Se construye vendiendo una call ATM y comprando una put de strike inferior. Normalmente, esta estrategia supone ingreso de prima, y es muy utilizada en la cobertura de posiciones compradoras.

Utilizando los datos del ejemplo anterior, simulemos la compra de un túnel bajista.

Recordemos que el futuro cotizaba a 7.625 puntos y usted tomaba los vencimientos de septiembre de 2004, fecha para la que restaba algo más de 30 días. Vende la call de strike 7.600 y compra la put de strike inferior. El resultado de primas será +188€ por venta de la call y -118 por compra de la put de strike 7.500. Ha vendido la call a strike de 7.600 puntos y recibe una prima de 70€ por contrato.

El resultado será el siguiente:

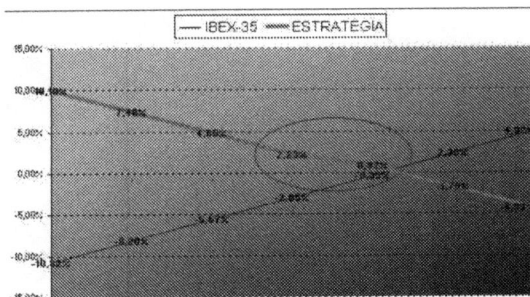

Observe cómo se suaviza la línea en el interior del círculo; esa parte del gráfico es lo que recibe el nombre de túnel. La gráfica es totalmente contraria al túnel alcista. Es una buena estrategia para cubrir durante un período determinado una cartera con posiciones compradas, sin necesidad de deshacerse del subyacente y recibiendo una pequeña cantidad por ello; cualidad que la hace más idónea que la compra de la put para cubrirse de posiciones bajistas.

El problema que plantea, sin embargo, es que si los precios evolucionan al alza se anula el beneficio que se puede conseguir en las posiciones compradas.

Otra utilización que se puede hacer del túnel alcista es la realización de beneficios sin necesidad de vender los activos comprados; ésta puede ser una estrategia para cerrar posiciones durante un tiempo hasta que intuyamos que el mercado volverá a ser alcista.

La horquilla de beneficios será la siguiente:

HORQUILLA DE RENTABILIDADES

6800	7000	7200	7300	7600	7800	8000	VALOR FINAL
10,10%	7,48%	4,85%	2,23%	0,92%	-1,70%	-4,33%	ESTRATEGIA
-10,82%	-8,20%	-5,57%	-2,95%	-0,33%	2,30%	4,92%	IBEX-35

La evolución es proporcional y contraria a los movimientos del subyacente. Se nota el abono de la pequeña cantidad por diferencial de la prima recibida.

Hasta ahora hemos analizado estrategias en las que la volatilidad y el paso del tiempo han tenido una influencia casi nula en el precio de la prima. Ahora analizaremos posiciones en las que el paso del tiempo es primordial para el resultado final de la estrategia.

Cono comprado

Lo que esperamos al comprar un cono es un aumento importante de volatilidad en el mercado, independientemente de la dirección (alcista o bajista) del movimiento. En esta estrategia apostamos a ganar tanto si baja como si sube el mercado; eso sí, con alta volatilidad y cierta tendencia en los precios.

Recordemos lo importante que es el tiempo cuando somos compradores de opciones por la devaluación del precio respecto al paso del tiempo. Así, el 50% de la pérdida de valor del precio de la prima de las opciones compradas se produce a unos 45 días del vencimiento. Si utilizamos estas estrategias especulativas, tengamos en cuenta ese hecho para cerrar las posiciones o realizar el roll-over (cambio de posición a un vencimiento más alejado).

La construcción de un cono comprado se realiza con la compra de una put ATM y simultáneamente la compra de una call ATM del mismo vencimiento y del mismo strike.

Esta estrategia supone un importante desembolso de prima, que será el máximo riesgo a asumir. Nuestro peor escenario sería que al vencimiento los precios se hayan movido escasamente y se encuentren cerca de nuestro strike; en ese caso el spread no será lo suficientemente importante para compensar el pago de las primas de las call y las puts.

Veamos su configuración gráfica:

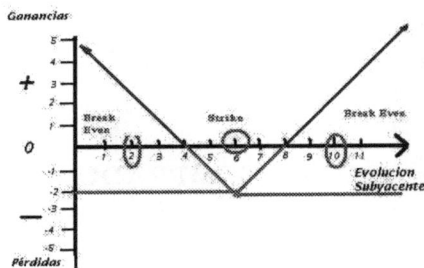

Usted ha comprado una put y una call de strike de 6 puntos que le han costado 2 puntos cada una, con lo que si no se produjera un aumento –o disminución– de la cotización superior a los 4 puntos, su resultado sería negativo.

Vemos en el gráfico cómo usted mantiene dos break even a consecuencia de su apuesta a subida o bajada de precios. El primer break even se sitúa en 2 puntos y ganará por debajo de este nivel; el otro está en los 10 puntos y entrará en ganancias a partir de ahí, independientemente de la tendencia alcista o bajista de los precios del subyacente. Entre estos niveles, todo será más o menos pérdida.

Realicemos una compra en el mercado de esta estrategia.

El precio del mini-Ibex-35 es en ese momento de 7.585 puntos, y las posiciones call y puts para el vencimiento de diciembre 2004 son las siguientes:

Call

VENCIMIENTO	STRIKE	COMPRA	VENTA
17/12/2004	6.800,00	883,00	901,00
17/12/2004	7.000,00	723,00	741,00
17/12/2004	7.100,00	646,00	664,00
17/12/2004	7.200,00	573,00	591,00
17/12/2004	7.400,00	437,00	455,00
17/12/2004	7.500,00	375,00	393,00
17/12/2004	7.600,00	317,00	335,00
17/12/2004	7.700,00	266,00	284,00
17/12/2004	7.800,00	220,00	238,00
17/12/2004	7.900,00	181,00	195,00
17/12/2004	8.000,00	145,00	159,00
17/12/2004	8.100,00	116,00	126,00
17/12/2004	8.200,00	90,00	98,00
17/12/2004	8.300,00	67,00	75,00

Usted paga 335€ por contrato por la call de strike de 7.600 con vencimiento en diciembre de 2004.

Put

VENCIMIENTO	STRIKE	COMPRA	VENTA
17/12/2004	7.000,00	146,00	160,00
17/12/2004	7.100,00	169,00	183,00
17/12/2004	7.200,00	193,00	211,00
17/12/2004	7.300,00	222,00	240,00
17/12/2004	7.400,00	255,00	273,00
17/12/2004	7.500,00	292,00	310,00
17/12/2004	7.600,00	334,00	352,00
17/12/2004	7.700,00	383,00	401,00
17/12/2004	7.800,00	436,00	454,00
17/12/2004	7.900,00	494,00	512,00
17/12/2004	8.000,00	557,00	575,00
17/12/2004	8.100,00	625,00	643,00
17/12/2004	8.200,00	697,00	715,00
17/12/2004	8.300,00	774,00	792,00

Usted paga 352€ por contrato por la put de strike 7.600 con el mismo vencimiento.

Así, el desembolso total por primas es de 687€ por contrato de la estrategia.

Veamos los resultados finales:

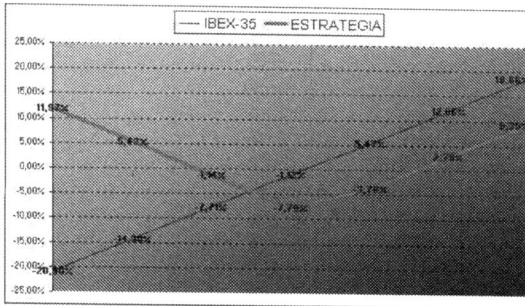

Aquí se ve claramente el cono que forma la compra simultánea de la call y put del mismo strike. Al vencimiento se deben dar subidas o bajadas en el subyacente superiores al 9% para que su estrategia sea productiva; por debajo de esa volatilidad perderá más en función de la cercanía del precio del subyacente a su strike de partida.

La situación final sería así:

HORQUILLA DE RENTABILIDADES

6000	6500	7000	7500	8000	8500	9000	VALOR FINAL
11,97%	5,42%	-1,14%	-7,70%	-3,76%	2,79%	9,35%	ESTRATEGIA
-20,30%	-14,30%	-7,71%	-1,12%	5,47%	12,06%	18,66%	IBEX 35

Para precios cercanos al strike, la pérdida es mayor; a partir de subidas o bajadas del 10%, entrará en beneficios. Ganará por debajo de 6.913 y por encima de 8.287 puntos en la cotización del Ibex al vencimiento.

Con el cono comprado no serán necesarias garantías al mercado, dado que partimos de posiciones que suponen derechos de compra y venta.

En resumen, no es conveniente crear esta estrategia con el fin de esperar al vencimiento; se suele hacer como punto de partida para estrategias más elaboradas, las cuales iremos viendo en próximos capítulos.

CONO VENDIDO

Con el cono vendido obtendremos beneficios limitados al ingreso de primas, siendo el riesgo ilimitado ante aumentos de volatilidad del mercado independientemente de la dirección de éstos.

Lo que esperamos con esta estrategia es una bajada de volatilidad en el mercado; perderemos tanto al alza como a la baja si existe un incremento de volatilidad. Como ya se habrá figurado, esta estrategia se construye –contrariamente a la anterior– con la venta de una call ATM y la venta de una put del mismo strike y ejercicio. El beneficio final se limita al ingreso por primas, favorece el paso del tiempo, por lo cual cuanto más cerca del vencimiento (alrededor de un mes y medio) se construya, más posibilidades existen para que el precio de la opción finalice con poco valor intrínseco.

Con esta posición se busca que la pérdida de valor extrínseco sea superior en el día del vencimiento al valor intrínseco que pueda mantener las opciones. Existe otra cuestión lógica para construir esta estrategia: el precio final estará o bien por encima o bien por debajo del strike, con lo que una de las opciones –ineludiblemente– finalizará sin valor. No obstante, ésta es la estrategia de más riesgo que existe, pero a cambio también suele reportar suculentos beneficios cuando se realizan constantemente conos vendidos con diferentes strikes antes del vencimiento.

Por otro lado, en esta estrategia habrá que tener en cuenta las garantías necesarias, puesto que partimos de posiciones en las que estamos adquiriendo obligaciones de compra y venta simultáneamente.

¿Cómo es su representación?

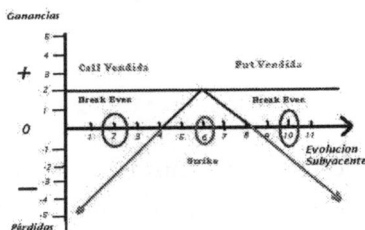

Al vender la put y la call con el mismo strike de 6 puntos, usted recibe 2 puntos por cada posición. Su break even se sitúa 4 puntos por arriba y 4 por debajo del strike; fuera de ese rango entrará en pérdidas. En esta posición juega con la ventaja de que una de las dos "patas" de la estrategia tendrá valor intrínseco 0. Su mejor escenario es la cotización al vencimiento del subyacente cerca de su strike.

Utilizando los mismos datos que el supuesto anterior, veamos cuál sería su posición al vencimiento del cono vendido.

El subyacente cotizaba a 7.585 puntos. Vende una call y una put de strike de 7.600 por lo que le ingresan 317€ y 334€ por contrato respectivamente. Su máximo beneficio es de 8,56%. Si el mercado adquiere una volatilidad superior, sufrirá pérdidas.

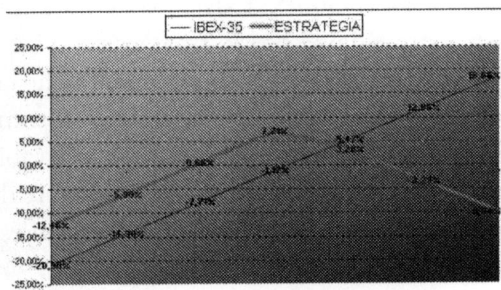

Ésta es su posición real. Las diferentes rentabilidades serán:

HORQUILLA DE RENTABILIDADES

6000	6500	7000	7500	8000	8500	9000	VALOR FINAL
-12,46%	-5,90%	0,66%	7,21%	3,26%	-3,26%	-9,84%	ESTRATEGIA
-20,90%	-14,00%	-7,21%	-1,12%	5,47%	12,09%	18,00%	IBEX 35

Lo dicho: a menor volatilidad al vencimiento, mayores beneficios. Tal como en el caso contrario, esta figura se utiliza como posición inicial de estrategias más elaboradas, las cuales añaden posiciones para intentar cubrirse el lado de la horquilla por donde evoluciona el precio.

Cuna comprada

Básicamente la cuna comprada es igual que el cono comprado, con la diferencia de una elección de strikes más alejados del precio. Como en los casos anteriores, se trata de una estrategia que también sale perjudicada con el paso del tiempo y escasa volatilidad. Aunque el coste de las primas es menor, se necesitarán movimientos más violentos del subyacente en cualquier dirección para que las opciones compradas entren en el dinero. Con el cono comprado hay que vigilar las posiciones antes del vencimiento para que no se deteriore en exceso el precio de la prima; por norma, estas posiciones se suelen cerrar antes del vencimiento con spread sobre la pata de la cuna que adquiere valor, aunque estas cuestiones serán materia de otro capítulo.

La cuna comprada consiste en la <u>compra de una call OTM y simultáneamente la compra de una put también OTM para el mismo vencimiento</u>. La representación gráfica es similar a la del cono comprado, con la diferencia de que se anula el vértice del cono. Veámoslo:

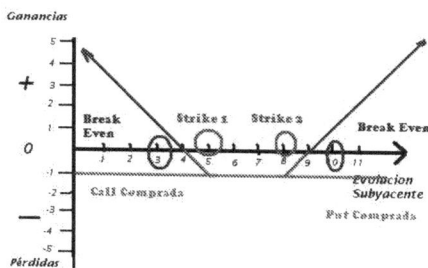

103

Supongamos que la cotización actual del activo subyacente es de 6 puntos y usted compra una call de strike 8, por lo que paga 1 punto. Como compra simultáneamente una put de strike 5, paga 1 punto. El coste de sus primas es de 2 puntos en total. Y como el strike estaba en 8 y 5 respectivamente, su break even comienza en 3 si el subyacente tiende a bajar y en 10 si tiende a subir.

Observe cómo al optar por un strike alejado del precio de cotización del activo se necesita un aumento de volatilidad adicional para que alguna "pata" de la horquilla adquiera valor intrínseco; además habrá que sumarle el coste de las primas de las dos compras. Su subyacente habrá de moverse tres puntos hacia un lado u otro para que entre en beneficios la estrategia. Pongámoslo en práctica.

Supongamos que su subyacente cotiza sobre 7.600 puntos, y que usted quiere construir una estrategia a largo plazo eligiendo para ello el vencimiento de las opciones a diciembre de 2005 (un año y medio aproximadamente). Observa la horquilla de precios que existen para ese vencimiento y elige comprar la call y la put con un strike alejado del precio en alrededor de 500 puntos. Compra la call de strike 8.000 y la put en el strike 6.900.

Call

VENCIMIENTO	STRIKE	COMPRA	VENTA
16/12/2005	7.500,00	706,00	724,00
16/12/2005	7.700,00	602,00	620,00
16/12/2005	7.800,00	554,00	572,00
16/12/2005	7.900,00	507,00	525,00
16/12/2005	8.000,00	463,00	481,00
16/12/2005	8.200,00	381,00	399,00
16/12/2005	9.000,00	143,00	153,00
16/12/2005	9.100,00	123,00	133,00
16/12/2005	9.500,00	60,00	68,00
16/12/2005	9.800,00	31,00	37,00
16/12/2005	10.000,00	19,00	23,00

Por la compra de la call paga 481€ por contrato para tener el derecho a comprar el activo subyacente a 8.000 puntos al vencimiento de diciembre de 2005.

Put

VENCIMIENTO	STRIKE	COMPRA	VENTA
16/12/2005	5.000,00	104,00	114,00
16/12/2005	6.600,00	385,00	403,00
16/12/2005	6.700,00	413,00	431,00
16/12/2005	6.900,00	474,00	492,00
16/12/2005	7.200,00	577,00	595,00
16/12/2005	7.500,00	696,00	714,00
16/12/2005	8.000,00	937,00	955,00

Por la compra de la put paga 492€ por contrato para tener derecho a la venta del subyacente a 6.900 puntos al vencimiento de diciembre de 2005.

Es decir, paga 973€ por contrato para obtener beneficios por debajo de 6.100 puntos o por encima de 8.900 puntos del subyacente, en el período de un año y medio.

Veamos cómo quedaría su estrategia comprada:

HORQUILLA DE RENTABILIDADES

5000	6000	7000	8000	9000	10000	11000	VALOR FINAL
12,22%	-0,96%	-12,83%	-12,83%	0,36%	13,54%	26,72%	ESTRATEGIA
-34,83%	-20,90%	-7,71%	5,47%	18,83%	31,84%	45,02%	IBEX-35

Para entrar en beneficios, necesitará que el subyacente se haya movido en rangos de alrededor del 20% en cualquiera de las dos direcciones. Entre 7.000 y 8.000 puntos su pérdida máxima es del 12,83% y coincide con el valor de las primas pagadas. En ese intervalo de precios el valor implícito de las opciones compradas es 0.

El gráfico de rentabilidades sería el siguiente:

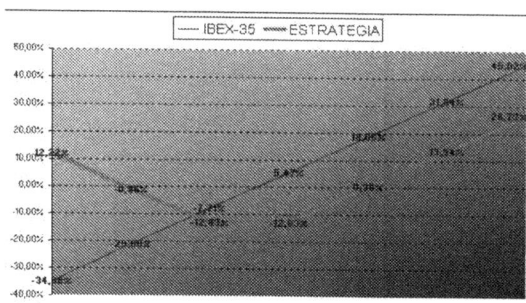

Aunque se necesitaría un violento movimiento de precios en alguna dirección hasta el vencimiento (alrededor del 20%), tampoco es descabellado pensar que se puedan producir esos aumentos, máxime cuando existe más de un año y medio hasta el vencimiento de la estrategia. De hecho, cuando la construimos estamos precisamente apostando a ello.

Cuna vendida

Estudiaremos ahora la figura simétricamente opuesta a la anterior, esperando por tanto circunstancias de mercado totalmente opuestas; es decir, una bajada importante de la volatilidad a niveles inferiores a los actuales.

En este caso, nuestro beneficio es conocido y limitado, pero nuestro riesgo es ilimitado en función de los posibles aumentos de volatilidad al vencimiento.

Para construir una cuna vendida, vendemos una call OTM y simultáneamente vendemos una put también OTM para el mismo vencimiento.

Utilizando la simulación del epígrafe anterior, la representación gráfica sería así:

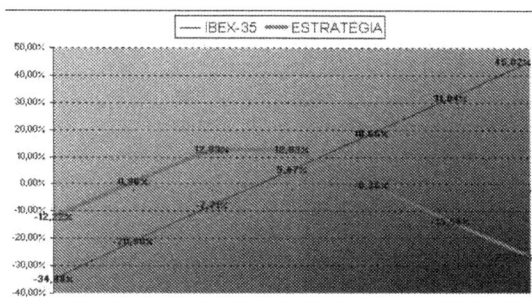

Usted ha recibido una prima de 973€ por contrato, que corresponde a su máximo beneficio, el cual irá menguando conforme se produzcan aumentos de volatilidad por encima del 19% al vencimiento en diciembre de 2005.

He aquí el resultado:

HORQUILLA DE RENTABILIDADES

5000	6000	7000	8000	9000	10000	11000	VALOR FINAL
-12,22%	0,96%	12,83%	12,83%	-0,36%	-13,54%	-26,72%	ESTRATEGIA
-34,88%	-20,30%	-7,71%	5,47%	18,86%	31,84%	45,02%	IBEX 35

A diferencia del caso anterior, su máximo beneficio coincide en el tramo de 7.000 y 8.000 puntos, por encima de los cuales comenzará a perder progresivamente (sólo en un lado de la horquilla). En esta estrategia lo favorece el paso del tiempo y la baja volatilidad en el mercado, y como en los casos anteriores, suelen ser estructuras que se crean como "principio" de estrategia. Por sí misma, aunque puede ser productiva, no es demasiado ortodoxa.

Mariposa comprada

Ésta es la estrategia menos afectada por la volatilidad y el paso del tiempo. Pero el beneficio esperado es bajo y su construcción es más complicada, pues no es fácil deshacerla. Así, a la hora de montar esta estrategia, se debe pensar en dejarla intacta hasta el vencimiento.

Se puede construir con puts y con calls; nosotros lo haremos sólo con calls (el resultado es idéntico en ambos casos).

Para construir esta posición compramos una call un poco ITM, vendemos dos call algo OTM y compramos otra call más OTM que las dos vendidas anteriormente. En definitiva, compramos dos call y vendemos otras dos a diferentes strikes y con el mismo vencimiento.

Gráficamente sería como sigue:

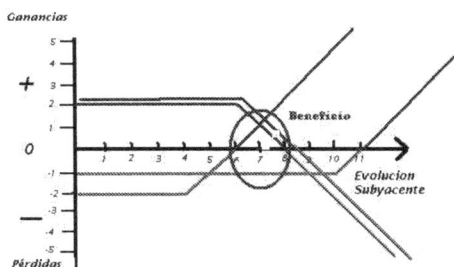

Observamos en su representación gráfica que se obtiene un beneficio limitado a un intervalo de precios, en nuestro caso entre 6 y 8 puntos. Cuando compramos la primera call lo hacemos con strike de 5 y pagamos prima de 2 puntos. Con la venta de 2 calls a precios de 2 puntos, obtenemos una prima de 4 puntos, con lo que nuestra posición es de +1 por ingreso de la prima que gastamos en la compra de la tercera call, más alejada de la cotización. En esta estrategia tiende a pagarse muy poca prima, pero lógicamente el beneficio también es limitado. Al existir compras y ventas de call, el paso del tiempo es insignificante y la volatilidad tampoco afecta.

Probemos la realización de una compra real en el mercado.

Call

VENCIMIENTO	STRIKE	COMPRA	VENTA
17/09/2004	7.000,00	713,00	731,00
17/09/2004	7.100,00	621,00	639,00
17/09/2004	7.200,00	533,00	551,00
17/09/2004	7.300,00	448,00	466,00
17/09/2004	7.400,00	368,00	386,00
17/09/2004	7.500,00	294,00	312,00
17/09/2004	7.600,00	226,00	244,00
17/09/2004	7.700,00	168,00	182,00
17/09/2004	7.750,00	145,00	155,00
17/09/2004	7.800,00	122,00	132,00
17/09/2004	7.850,00	101,00	111,00
17/09/2004	7.900,00	83,00	91,00
17/09/2004	7.950,00	67,00	75,00
17/09/2004	8.000,00	53,00	61,00

La cotización del subyacente es de 7.695 en ese momento, y usted opta por los siguientes strikes para el vencimiento de septiembre de 2004:

1) Compra de call ITM. Elige el strike de 7.600 por lo que habrá de pagar -235€ por contrato de prima (precio teórico).

2º) Venta de 2 calls OTM. Elige el strike de 7.800 por lo que recibe 2*127€=+254€.

3º) Compra de una call más OTM que la venta de las dos anteriores. Elige el strike 7.900 por lo que paga -87€.

El máximo desembolso es de 68€ por contrato. El máximo beneficio es de 1,07% en niveles entre la primera call comprada y las dos calls vendidas.

HORQUILLA DE RENTABILIDADES

7000	7250	7500	7750	8000	8250	8500	VALOR FINAL
-0,88%	-0,88%	-0,88%	1,07%	0,42%	0,42%	0,42%	ESTRATEGIA
-9,03%	-5,78%	-2,53%	0,71%	3,96%	7,21%	10,46%	IBEX 35

A partir de ahí, obtendrá 0,42% de beneficios para mercado alcista y -0,88% para mercados bajistas.

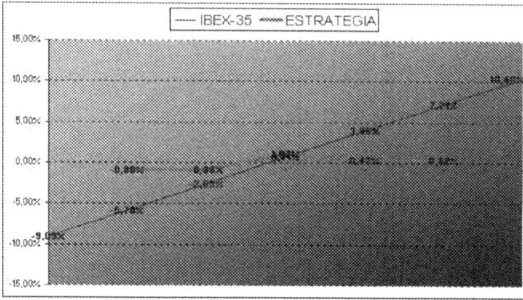

Vemos aquí de qué forma se limitan por igual pérdidas y beneficios; aunque su construcción es más complicada, no tanto técnicamente como por la compra en mercado real, pues al tener que comprar varias "patas" para la operación, el deslizamiento de las compras y ventas puede mermar demasiado la rentabilidad final esperada, ya de por sí escasa —acorde al riesgo, por supuesto.

Mariposa vendida

Esta posición se construye tanto con calls como con puts y se realiza con los mismos strikes que la estrategia anterior, sólo es diferente el signo de las compras y ventas, es decir:

1) Vendemos una call ITM.
2) Compramos 2 call un poco OTM.
3) Vendemos una tercera call algo más OTM que las anteriores.

El resultado será aproximadamente el mismo, pero el beneficio se produce en mercado bajista. Todo lo dicho para su posición contraria sirve para la mariposa vendida: poco la afectan el paso del tiempo y la volatilidad. Se suele utilizar cuando no existe una clara idea de la dirección que tomará el mercado en los días siguientes, esperándose poco movimiento de los precios. Si se cree que el mercado tomará tendencia, ésta no es la estrategia más apropiada.

Utilizando los mismos datos del ejercicio anterior, veamos cómo queda su posición:

HORQUILLA DE RENTABILIDADES

7000	7250	7500	7750	8000	8250	8500	VALOR FINAL
0,88%	0,88%	0,88%	-1,07%	-0,42%	-0,42%	-0,42%	ESTRATEGIA
-9,03%	-5,78%	-2,63%	0,71%	3,86%	7,21%	10,46%	IBEX-35

Éste sería el gráfico de sus resultados:

113

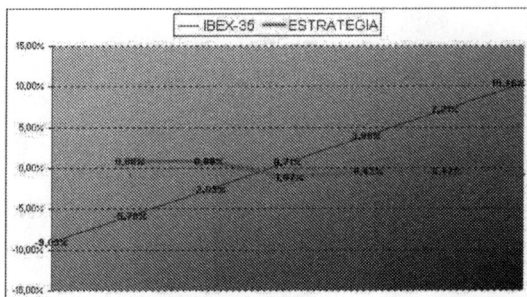

Aquí puede apreciarse que precisamente se invierten los términos vistos en la posición anterior. Ante subidas del subyacente, perderá como máximo la cantidad de -0,42% y ante bajadas ganará casi el doble. Para un escaso movimiento de precios, en este caso la pérdida máxima será del -1,07%, aunque muy improbablemente, porque aunque exista poca volatilidad será harto difícil que los precios acaben en el mismo lugar; lo normal es que se muevan hacia arriba o hacia abajo.

Otras estrategias con opciones

Hasta aquí hemos realizado las estrategias "de libro" que a su vez son las más utilizadas por los inversores. A mi juicio, éstas son las más claras y las que mejor definen las posiciones que se desean tomar en función de la volatilidad y la tendencia del mercado. Indudablemente existen otras, pero a mi modo de ver no son sino pequeñas variaciones (otros strikes, distinto número de contratos) de las que ya he explicado. Por lo tanto, considero que no se les debe dar mayor importancia, ni perder el tiempo en "congestionar" al lector con nuevas estrategias que no van a aportar mucho valor añadido a la operativa diaria. Además, estas posiciones aparecerán por sí mismas –sin anglicismos– cuando abordemos el siguiente capítulo, donde ya especularemos directamente en el mercado de forma activa.

Entras las otras estrategias, deben considerarse las que siguen: **ratio call spread, ratio put spread, call-back spread y put-back spread**. Este grupo es similar a los spreads, salvo por que estas estrategias mezclan dos contratos de venta por uno de compra (tanto de calls como de puts) con distintos strikes, y en ellas se suele apostar fuerte por una determinada dirección del mercado.

Otra estrategia –utópica para el pequeño inversor, o cuando menos nada aconsejable– es el **box-conversión**, que se basa en "arbitrar" precios de un mismo subyacente en diferentes mercados. Sería, por ejemplo, intentar comprar un futuro sobre el Ibex en el mercado y venderlo más caro construyendo un "sintético" con opciones.

Cuadro resumen de estrategias

CALL COMPRADA	CALL VENDIDA	PUT COMPRADA	
Alcista	Bajista	Bajista	**Mercado**
Ilimitado	Limitado	Ilimitado	**Beneficio**
Limitada	Ilimitada	Limitada	**Pérdida**
Desfavorable	Favorable	Desfavorable	**Paso Tiempo**
Compra de 1 Call	Venta de 1Call	Compra de 1 Put	**Construcción**

PUT VENDIDA	ACCIÓN COMPRADA	ACCIÓN VENDIDA	
Alcista	Alcista	Bajista	**Mercado**
Limitado	Ilimitado	Ilimitado	**Beneficio**
Ilimitada	Ilimitada	Ilimitada	**Pérdida**
Favorable	Neutral	Neutral	**Paso Tiempo**
Venta de 1 Put	Compra 1 Call ATM	Venta 1 Call ATM	**Construcción**
	Venta 1 Put ATM	Compra 1 Put ATM	

Pedro José Rascón Ortega

SPREAD ALCISTA	SPREAD BAJISTA	TÚNEL ALCISTA	
Alcista	Bajista	Alcista	Mercado
Limitado	Limitado	Ilimitado	Beneficio
Limitada	Limitada	Ilimitada	Pérdida
Mixto	Mixto	Mixto	Paso Tiempo
Compra 1 Call ATM	Compra 1 Put ATM	Compra 1 Call ATM	Construcción
Venta 1 Call OTM	Venta 1 Put OTM	Venta 1 Put OTM	

TÚNEL BAJISTA	CONO COMPRADO	CONO VENDIDO	
Bajista	Alcista	Bajista	Mercado
Ilimitado	Ilimitado	Limitado	Beneficio
Ilimitada	Limitada	Ilimitada	Pérdida
Mixto	Desfavorable	Mixto	Paso Tiempo
Venta 1 Call ATM	Compra 1 Call ATM	Venta 1 Call ATM	Construcción
Compra 1 Put OTM	Compra 1 Put ATM	Venta 1 Put ATM	

CUNA COMPRADA	CUNA VENDIDA	MARIPOSA COMPRADA	
Alcista	Bajista	Alcista Leve	Mercado
Ilimitado	Limitado	Limitado	Beneficio
Limitada	Ilimitada	Limitada	Pérdida
Desfavorable	Favorable	Mixto	Paso Tiempo
Compra 1 Call OTM	Venta 1 Call OTM	Compra 1 Call ITM	Construcción
Compra 1 Put OTM	Venta 1 Put OTM	Venta 2 Call OTM	
		Compra 1 Call +OTM	

118

MARIPOSA VENDIDA	
Bajista Leve	**Mercado**
Limitado Limitada	**Beneficio**
Mixto	**Pérdida**
Venta 1 Call ITM	**Paso Tiempo**
Compra 2 Call OTM	**Construcción**
Venta 1 Call +OTM	

Parte tercera

Estrategias especulativas con opciones

> Una respuesta aproximada a la pregunta correcta es más valiosa que una respuesta apropiada a la pregunta errónea.
>
> *John Tukey*

En los capítulos precedentes hemos analizado los conceptos necesarios y suficientes para poder adentrarnos en la última fase, puramente especulativa, con opciones y/o futuros. Las posibilidades que abordaremos se crean a partir de lo visto anteriormente. Por supuesto, no serán todas las existentes, pero sí una muestra de las muchas posibles alternativas para que, a partir de aquí, el lector pueda crear las suyas propias en función de sus gustos, expectativas o situación financiera personal.

Antes de avanzar en esa dirección, presentaré una serie de consejos en la operativa con opciones. Serán básicos y necesarios para afrontar la fase más especulativa, y deberán tenerse en cuenta para que las estrategias resultantes sean fructíferas. Estos puntos adelantarán al lector mucho camino de investigación que otros ya hemos cubierto; algunas veces a costa de ciertas penalidades.

Los veinte puntos que sintetizaré bien pueden considerarse como la Biblia Operativa de las opciones financieras: ahorran tiempo, dinero y bastantes quebraderos de cabeza.

1. **Todas las posiciones que se pueden crear derivan de las cuatro posiciones puras con opciones**: compra de call, venta de call, compra de put, venta de put. A partir de la combinación de éstas entre sí y con otros activos **podremos establecer cualquier posición que como inversores imaginemos en el mercado (excepto ganar siempre).**

2. **El factor tiempo es un elemento a tener presente de manera continua en el establecimiento de las posiciones. Afecta negativamente las posiciones compradoras y positivamente las vendedoras**, aunque existen matices al respecto:

   En la mitad de vida de una posición comprada, el factor tiempo influye negativamente cerca del 28%. **Durante el último tercio de vida de la opción, el factor tiempo habrá afectado un 50% el coste de la prima.** Por eso, cuando compramos opciones, es preferible hacerlo a plazos más largos y "rolar" las posiciones a otros vencimientos antes que se acerquen los 45 días del vencimiento. Por el contrario, cuando vendemos opciones, es preferible hacerlo cerca del vencimiento, ya que esperamos que la opción pierda todo su valor extrínseco y, si es posible, también el intrínseco.

3. **Cuando compramos calls o puts esperamos simultáneamente un aumento de la volatilidad (variabilidad) del mercado y consecutivamente una tendencia en los precios (al alza o la baja, según sean calls o puts).**

4. **Cuando vendemos calls o puts sólo esperamos una baja volatilidad en el mercado y/o lateralidad en el mismo.**

5. **Cuando mezclamos en una estrategia compra y venta de opciones, el "coste" del tiempo tiende a ser 0 (spread).**

6. **Tanto el riesgo como el beneficio potencial son cuantificables de antemano (ninguna herramienta ofrece esta posibilidad con tanta exactitud)**, por lo que a la hora de establecerla debemos ver:

   a) El ratio riesgo/beneficio si la estrategia es cerrada.

   b) El máximo riesgo en el que vamos a incurrir si es una estrategia abierta (será abierta para los beneficios).

7. **Todas las estrategias son modificables fácilmente a la posición contraria.**

8. **Se pueden utilizar apalancamientos en cada estrategia, aumentando o disminuyendo el nivel de riesgo a voluntad.**

9. **Es preferible comprar y vender las opciones (sobre todo si son de signo contrario) por "estrategias"** antes que por "patas" sueltas, pues el deslizamiento se reduce sustancialmente.

10. **Cualquier posición puede deshacerse inmediatamente en el mercado.**

11. **En las posiciones compradoras nosotros elegimos el riesgo, pero el beneficio lo elige el mercado (seamos su amigo).**

12. **En las posiciones vendedoras el riesgo lo elige el mercado y nosotros elegimos los beneficios (seamos prudentes).**

13. **Con opciones no existe una posición perfecta que siempre nos otorgue beneficios; no perdamos el tiempo buscando el "Santo Grial": ese camino no es operativo.**

14. **Lo que sí podremos encontrar con las opciones son estrategias óptimas y variadas** que se pueden adecuar a nuestros intereses o a nuestras posiciones globales. És-

te es el camino que debemos investigar, el ratio riesgo/beneficio.

15. **Con expectativas de baja volatilidad en el mercado, es preferible vender opciones; con expectativas de volatilidad alta, se aconseja comprarlas.**

16. **Las primeras estrategias que usted construya en el mercado real debe hacerlas con pocos contratos** hasta que su pericia vaya en aumento y obtenga confianza en la estrategia que utiliza.

17. **Realice gestión monetaria con opciones.** No exponga toda su inversión en una sola entrada, aunque tenga el riesgo controlado.

18. **Utilice las opciones para cubrirse de otros activos** e incluso para cambiar su posición global en el mercado.

19. **Planifique de antemano cada estrategia y elija su nivel de riesgo. Haga todos los cálculos y anticipe el resultado final**, sólo necesitará lápiz y papel.

20. Por último, un **poco de trabajo e imaginación** le dará la soltura necesaria para ser un buen operador de opciones; el esfuerzo merece sobradamente la pena.

Cubriendo portfolios de acciones

Al intentar cubrir un conjunto de acciones ya en cartera, el primer trabajo que debemos realizar es calcular el valor de la misma y relacionarla con un índice de referencia. Para esto debemos rescatar un nuevo concepto: **beta**. La Beta de una cartera de acciones es el ratio que nos indica su variabilidad con respecto a un índice u otro activo financiero que actúe como Benchmark. Los valores cuya beta es superior a 1 indican que su volatilidad (riesgo) es mayor que el índice con el que se compara. Una beta de 1,50 para un activo determinado nos dice que en subidas o bajadas del mercado ese activo se moverá en una proporción de un 50% mayor o menor al índice. En betas inferiores a la unidad ocurre lo contrario, el valor es más "conservador" ante subidas o bajadas del mercado. Así, una beta del 0,50 nos informa que ante bajadas del mercado el activo en cuestión bajará la mitad, igual que en las subidas. Betas iguales a 1 indican un comportamiento igual al índice de referencia. Por último, si son negativas, informan que el valor se comporta contrario al mercado: cuando el mercado sube, el valor baja, y cuando el mercado baja, este tipo de acciones aumenta en su cotización (valores refugio y con altos dividendos).

Establecida la beta de la cartera de acciones que deseamos proteger, debemos aplicar la siguiente fórmula para calcular el número de contratos necesarios para tal cometido.

$$\frac{\text{Valor nominal de la cartera}}{\text{Precio del Futuro * Multiplicador}} * Beta = N° \text{ de contratos}$$

Siendo:

<u>Valor nominal</u>: el precio efectivo en € de la cartera.

<u>Precio del Futuro</u>: precio de cotización del futuro con el que realizaremos la cobertura.

<u>Multiplicador</u>: el apalancamiento del futuro por ejemplo en el caso del futuro del Ibex es siempre fijo de 10. Este valor depende de la especificidad de cada mercado.

<u>Beta</u>: es la beta global de la cartera.

Una vez definido el número de contratos necesarios, sólo deberemos montar la estrategia para realizar la cobertura al período que hayamos elegido.

¿Qué estrategia utilizaremos de cobertura? Tenemos tres posibilidades:

A) Comprar las puts necesarias a la fecha de vencimiento.

B) Realizar un túnel bajista a la fecha de vencimiento elegida.

C) Vender la cartera con opciones call a la fecha de vencimiento.

Analicemos la estrategia que tiene "menos inconvenientes".

La compra de puts es efectiva cuando se produce una bajada importante en el precio de las acciones pero el coste por pago de las primas es alto. Además, si la bajada final esperada fuese leve, habríamos incurrido en un importante porcentaje de pérdida por coberturas que nos habrían detraído recursos de futuras subidas del activo. Por otro lado, si no se produce la bajada y el mercado al final se revaloriza, la cartera no verá incrementar sus ganancias igual que el mercado; aunque con fuerte volatilidad en la subida nos daría beneficios.

El túnel bajista es más efectivo que la simple compra de puts, dado que el coste de las primas es casi nulo y sin embargo nos protege efectivamente de las pérdidas de la cartera. A eso hay que añadir que si la bajada esperada fuese insignificante, apenas "padeceríamos" en la cartera los costes de cobertura. El inconveniente que presenta es que si el mercado finalmente se va hacia arriba nos detraerá los beneficios de la cartera y se deberá cambiar la posición.

Venta de call. Consistiría en vender el número de contratos de la cartera a un vencimiento determinado. Si al final la cartera reduce su valor por la caída del mercado, se compensa –en parte– con los ingresos por primas. La limitación básica de esta estrategia es la misma que presenta el túnel bajista: no dejaría correr las ganancias si el mercado se fuese al alza. Otra limitación es que en caso de tornarse el mercado agresivamente bajista, a partir de ciertos niveles la cartera dejaría de estar cubierta. Por tanto, descartamos utilizar esta estrategia cuyo único beneficio se obtendrá siempre que el valor de la cartera oscile al vencimiento a precios cercanos a los actuales.

Realicemos la simulación con la primera y segunda alternativa y veamos cómo el túnel bajista –aunque modificado– es definitivamente la estrategia más idónea.

Supongamos que a nuestra cartera la componen tres valores: Telefónica, Repsol y BSCH. La composición y la beta de cada una es la siguiente:

	Valor Acciones	Beta
Telefónica	32,000 €	1,25
Repsol	35,000 €	0,87
BSCH	26,000 €	1,10
Valor cartera	93,000 €	

Para obtener la beta global de la cartera, multiplicamos cada acción por su beta correspondiente y sumamos el resultado de los tres valores:

Telefónica 32,000*1,25=40,000;
Repsol 35,000*0,87=30,450;
BSCH 36,000*1,10=28,600

La suma de los tres resultados es 99,050. Lo dividimos por el valor de compra de la cartera (93,000) y obtenemos la beta de nuestra cartera: **beta=1,06**.

En este ejemplo, el comportamiento esperado de la cartera es de una variabilidad ligeramente superior al mercado (medido por el Ibex, que es nuestro benchmark) en un 6%.

El futuro del Ibex cotiza en estos momentos a 7.695 puntos.

Ya tenemos todos los elementos de la fórmula que nos dará el número de contratos necesarios:

$$\frac{\text{Valor nominal de la cartera}}{\text{Precio del Futuro} * \text{Multiplicador}} * \text{Beta} = \text{N}^{\circ} \text{ de contratos}$$

La fórmula sería: 93,000/7695*10=1,20. Multiplicando el resultado de la división por la beta obtenemos: 1,20*1,06=**1,28 futuros**.

Es decir, necesitamos 1,28 futuros del Ibex (12,8 contratos de opciones del mini-Ibex) para cubrir nuestra cartera. Por supuesto, redondeamos a 13 contratos (sobrecobertura) y elegimos marzo de 2005 como plazo de la cobertura, puesto que creemos que en ese tiempo el mercado habrá roto la baja.

Según la horquilla de precios siguientes, veamos los resultados de cada estrategia:

Call

VENCIMIENTO	STRIKE	COMPRA	VENTA
18/03/2005	6.000,00	1.717,00	1.735,00
18/03/2005	6.100,00	1.627,00	1.645,00
18/03/2005	6.700,00	1.113,00	1.131,00
18/03/2005	6.800,00	1.033,00	1.051,00
18/03/2005	7.300,00	661,00	679,00
18/03/2005	7.400,00	594,00	612,00
18/03/2005	7.500,00	530,00	548,00
18/03/2005	7.600,00	470,00	488,00
18/03/2005	7.700,00	412,00	430,00
18/03/2005	7.800,00	361,00	379,00
18/03/2005	7.900,00	312,00	330,00
18/03/2005	8.000,00	268,00	286,00
18/03/2005	8.100,00	227,00	245,00
18/03/2005	8.200,00	192,00	206,00
18/03/2005	8.300,00	159,00	173,00
18/03/2005	8.400,00	132,00	142,00
18/03/2005	8.500,00	106,00	116,00
18/03/2005	8.600,00	84,00	92,00
18/03/2005	8.700,00	65,00	73,00
18/03/2005	8.800,00	49,00	57,00
18/03/2005	8.900,00	37,00	43,00

Put

VENCIMIENTO	STRIKE	COMPRA	VENTA
18/03/2005	6.000,00	65,00	73,00
18/03/2005	6.100,00	74,00	82,00
18/03/2005	6.200,00	84,00	92,00
18/03/2005	6.300,00	95,00	103,00
18/03/2005	6.400,00	106,00	116,00
18/03/2005	6.500,00	120,00	130,00
18/03/2005	6.600,00	135,00	145,00
18/03/2005	6.700,00	149,00	153,00
18/03/2005	6.800,00	168,00	182,00
18/03/2005	6.900,00	188,00	202,00
18/03/2005	7.000,00	208,00	226,00
18/03/2005	7.100,00	232,00	250,00
18/03/2005	7.200,00	258,00	276,00
18/03/2005	7.300,00	288,00	306,00
18/03/2005	7.400,00	320,00	338,00
18/03/2005	7.500,00	354,00	372,00
18/03/2005	7.600,00	393,00	411,00
18/03/2005	7.700,00	434,00	452,00
18/03/2005	7.800,00	481,00	499,00
18/03/2005	7.900,00	532,00	550,00
18/03/2005	8.000,00	586,00	604,00
18/03/2005	8.100,00	644,00	662,00
18/03/2005	8.200,00	706,00	724,00
18/03/2005	8.300,00	771,00	789,00
18/03/2005	8.400,00	841,00	859,00
18/03/2005	8.700,00	1.070,00	1.088,00
18/03/2005	8.800,00	1.152,00	1.170,00

A) Compra de puts. Como los contratos necesarios son 12,8 y hemos decidido redondear a 13, compensaremos esta sobrecobertura comprando las puts a un strike más bajo que la cotización actual del subyacente, y lo haremos a 7.600. El precio de los 13 contratos según el precio teórico de la horquilla de strike 7.600 es de 402€ por contrato, lo que da un coste total por cobertura de 5.226€, o sea, un 5,6% sobre el valor nominal de la cartera. Como nos hemos cubierto en un strike inferior en 95 puntos, habría que añadirle un 1,23%

de ese spread, pero suponemos que se compensa por el exceso de cobertura del redondeo. El resultado final sería:

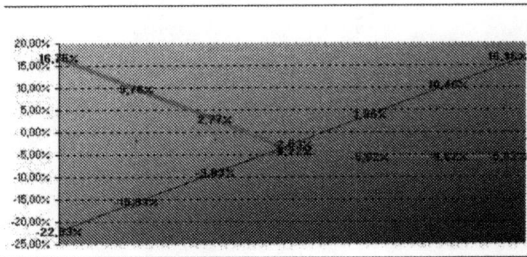

HORQUILLA DE RENTABILIDADES

6000	6500	7000	7500	8000	8500	9000	VALOR FINAL
16,75%	9,76%	2,77%	-4,22%	-5,62%	-5,62%	-5,62%	COBERTURA
-22,03%	-16,53%	-9,05%	-2,53%	3,96%	10,46%	16,96%	CARTERA

Con pérdidas de la cartera del -22,03%, la cobertura nos proporcionaría beneficios del +16,75%. Nuestro coste de cobertura asciende al 5,62%, nivel que debería superar la cartera para compensar las primas de las puts protectoras.

Por último, y ésta es la principal desventaja, en movimientos de poco rango nuestra pérdida será la mayor, porque la cartera apenas sufrirá variación pero habremos "gastado" parte de ella en primas que no han sido de utilidad.

B) **Túnel bajista.** Para crear un túnel bajista debemos vender calls ATM y comprar puts OTM. Veamos los strikes y los precios. Supongamos que vendemos la call de strike de 7.700 por lo que recibimos 420€ por contrato. Compramos la put OTM de strike de 7.500 por lo que pagamos -363€ por contrato. En conjunto, recibimos prima por importe de 741€ por los 13 contratos. Los resultados que obtenemos son los siguientes:

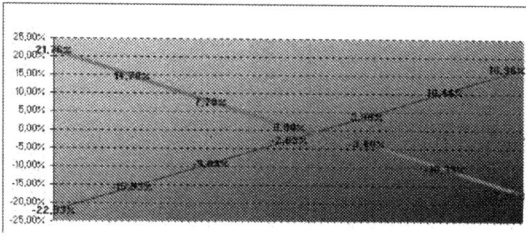

HORQUILLA DE RENTABILIDADES

6000	6500	7000	7500	8000	8500	9000	VALOR FINAL
20,06%	13,07%	6,08%	-0,91%	-5,10%	-7,90%	-7,90%	COBERTURA
-22,03%	-15,53%	-9,03%	-2,53%	3,96%	10,46%	16,96%	CARTERA

Salvo en la limitación de las subidas, vemos que en el resto de los resultados esta estrategia mejora la de compra de puts, actuando como mejor cobertura frente a bajadas importantes (o no), en las que también mejoraría al mercado. El problema –como ya dijimos– es que nos limita la revalorización de la cartera si el mercado se va hacia arriba. Sin embargo, vemos que suele ser mejor estrategia de cobertura que las puts, dado que es mucho más barata su realización, e incluso gratis. Como habrán adivinado, el túnel vendido es muy similar a vender en el mercado 13 futuros.

Pero imaginemos que no nos conformamos con anular nuestros beneficios si el mercado finalmente no baja, por lo que vamos a mejorar esta estrategia con una nueva posición: al túnel bajista le vamos a añadir la compra de una call del mismo vencimiento y de strike 8.200, OTM suficiente para compensar una posible subida de nuestra cartera. Por ello pagamos prima de 199€ adicionales por contrato. Éste sería nuestro resultado final:

Hemos conseguido, a cambio de cubrir un 1,70% menos nuestra cartera, la posibilidad de dejar que ésta se revalorice en caso de una fuerte subida del mercado. Como puede advertirse, lo que hemos conseguido finalmente es la misma estructura que una put comprada, con la diferencia de que mejoramos la situación frente a posibles bajadas agresivas o pequeños movimientos. Únicamente empeoramos si el mercado se va hacia arriba, pero sólo en un 1,50% aproximadamente. Al final, los números cantan y efectivamente para este "problema" en particular es más sensato utilizar la estrategia del túnel vendido –modificada con la compra de una call bastante OTM– que la compra directa de puts.

Existe una cuestión nada pueril en el tema de las coberturas. No existe una cobertura perfecta cuando mezclamos activos de distinta tipología, como en este caso. Al realizar la cobertura –el lector recordará la fórmula– cambiará diariamente el valor de nuestra cartera, por eso habrá que ir ajustando progresivamente los contratos necesarios, comprando o vendiendo diariamente en función de la evolución de la cartera y el Ibex. Estos costes no se han tenido en cuenta pero están presentes.

No obstante, si en vez de construir la cartera con acciones o futuros lo hacemos directamente con futuros sobre el Ibex, podemos tener una perfecta cobertura –y una cartera bien diversificada– junto a menores costes operativos por comisiones de compra y venta de acciones. En este caso, la cobertura no daría lugar a ajustes y tendríamos la seguridad de haber "arañado" unos cuantos pipos a nuestra cuenta por menores gastos operativos. <u>Para realizar la cobertura sobre un futuro se procedería del mismo modo</u> pero sin hacer ningún cálculo de betas, porque en el futuro la beta es 1, igual a su índice de referencia. Si quisiéramos cubrir una posición bajista del futuro, lo que haríamos sería construir un túnel alcista modificado con la compra de una put bastante OTM.

Por último, si no hubiera incluido el ejemplo con fines pedagógicos, lo ideal sería realizar esta misma estrategia, para los tres valores reseñados, con cada uno de los activos elegidos. Es decir, construir tres túneles bajistas modificados con opciones de cada uno de los valores en cartera. El procedimiento hubiera sido similar.

Gamma scalping

Esta estrategia conlleva en conjunto poco riesgo, y es utilizada frecuentemente por los "creadores de mercado" en su misión de dar liquidez. No se trata de un sistema de especulación *per se* que nos otorgue grandes resultados finales, aunque sí es muy interesante para iniciarse como trader en opciones.

La posición inicial parte de un cono comprado (nuestro máximo riesgo), es decir, compra de una call y una put del mismo strike y del mismo vencimiento. La idea es partir de una **delta neutral** y esperar movimientos fuertes del mercado en cualquier dirección, para cerrar una de las patas de la posición con los suficientes puntos como para compensar el pago de las dos primas del cono inicial.

¿Qué vencimientos? Tenemos claro que los compradores de opciones deben actuar antes de los 45 días al vencimiento de la opción. Como nosotros queremos cerrar la estrategia antes de dicho vencimiento, al menos debemos elegir una duración de 3 ó 4 meses para cerrar el spread antes que la prima pagada se deteriore vertiginosamente; o bien hacer el "rolo" (rollover, cambio de posición al siguiente vencimiento) antes que se cumpla la fecha que estimamos. Al hacerlo a un plazo de tiempo superior, tendremos además varias oportunidades de que el precio se desplace, y con un poco de suerte podremos cerrar las dos patas de la horquilla.

¿Qué strikes? Teóricamente, las opciones compradas deben ser ATM, nunca ITM, y opcionalmente pueden ser un poco OTM, eso dependerá de nuestra intuición sobre un aumento de variabilidad o no de precios. En nuestro caso, partiremos de opciones ATM.

¿Cómo cerramos las posiciones? Técnicamente se cerrará con la compra o venta (según la dirección del movimiento) de futuros en el mercado o con futuros "sintéticos"; eso es indiferente y dependerá de la preferencia operativa del trader (luego veremos alguna variante del spread en función del cierre de las posiciones, que le dará continuidad en el tiempo a la estrategia).

Veamos gráficamente los pasos a seguir para especular siguiendo el gamma scalping:

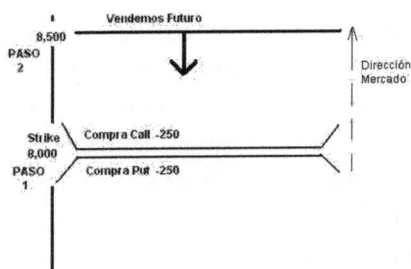

Evidentemente, el **paso 1** es la creación del cono comprado; lo hacemos a strike de 8.000 y el coste es de -250 puntos por contrato, por tanto, nuestra posición inicial será de -500 puntos en el total de la posición. Seguidamente esperamos para ver la dirección del mercado; supongamos que es alcista, como se señala en el gráfico anterior. Esperamos a niveles de 8.500 para seguir el **paso 2**. En esos niveles se trata de cerrar un spread, una horquilla con los suficientes puntos como para dejar nuestro riesgo en 0, es decir, que el coste de nuestras primas sea neutral. Llegados a este punto, debemos cerrar la posición en 8.500 con un futuro vendido que nos asegure que al vencimiento nadie "tocará" ese diferencial conseguido.

¿Cómo construiremos el futuro? Dependerá del vencimiento de la estrategia. Si aún está lejos (a más de dos meses), lo mejor será construir un futuro vendido "sintético" (compra de put ATM y venta simultánea de call ATM) cuyo coste, como hemos visto en otro capítulo, tiende a ser 0. El vencimiento del "sintético" deberá coincidir con el del cono inicial. Si faltase un mes o mes y medio para el vencimiento, sería más conveniente realizar la venta con un futuro directamente en el mercado; sobre todo a menos de un mes, pues nos evitamos el roll-over.

Bien, hemos completado el paso 2. **¿Y ahora qué tenemos?** Nuestra situación es ésta: el riesgo hasta el vencimiento de la estrategia es nulo; es decir, pase lo que pase, si ya hemos completado el paso 2 no perderemos un céntimo al vencimiento. Hemos conseguido un spread de +500 puntos y hemos pagado -500 de primas por la compra del cono.

¿Qué puede suceder desde ahora hasta el vencimiento?

A) <u>Que el mercado baje</u> hasta aproximadamente los niveles iniciales donde se construyó el cono comprado. En este caso lo ideal será cerrar la estrategia definitivamente: **el paso 3**, en niveles de 8.000, será comprar el futuro "sintético", o bien construyendo un futuro sintético comprado o bien comprando directamente el futuro en el mercado. Así nos habremos embolsado los 500 puntos del spread y cerrado la posición de futuros. Posteriormente venderemos el cono comprado; en función del tiempo que haya pasado el valor será diferente. No obstante, si falta un mes al vencimiento, el valor será aproximadamente la mitad de lo que nos costó. En general, el coste estará entre un -30% y un -50% de pérdida de prima (salvo que el movimiento se haya producido en menos de un mes, con lo que no llegará a un 15%). Por vender el cono ATM obtendremos una prima de aproximadamente +125 puntos por contrato, lo que significará 250 puntos en el total de la estrategia. En esta situación finaliza la estrategia, dado que hemos liquidado las posiciones iniciales. A partir de aquí se puede abrir de nuevo otra a un vencimiento posterior, y así sucesivamente.

B) Que el mercado suba. Si una vez que hemos vendido (en el paso 2) el futuro y hemos cerrado el spread, el mercado tira hacia arriba y estamos cerca del mes al vencimiento de la estrategia, nos olvidamos de ella (recordemos que nuestro riesgo es 0) y construimos otra nueva para un vencimiento diferente. Fin del proceso. Nuestra mente ya estará puesta en la nueva gamma scalping construida; todo lo que puede suceder es que tengamos suerte (con opciones también es necesaria) y que mientras la primera gamma sigue "viva" se produzca movimiento a nuestro favor y podamos recuperar parte de las primas –la segunda gamma scalping se habrá cerrado rápidamente.

C) Que el mercado baje, pero no tanto como para cerrar el diferencial con el futuro. En este caso, todo dependerá del precio del cono vendido, que en este caso será OTM. Si en la horquilla de precios nos interesa la ecuación "cierre de spread con futuros+ventas opciones>0", entonces podremos realizar el paso 3, quedándonos con beneficio y creando otra gamma scalping a vencimiento posterior.

Observaciones

Como manifesté al principio, ésta no es una estrategia que nos aporte grandes beneficios, aunque sí recurrentes. Normalmente, los mercados se mueven de modo errático y no es difícil cerrar la gamma scalping por alguno de sus lados, tal como expliqué arriba. El riesgo máximo nunca es superior al 50% de la prima pagada, porque se cierra la posición al alza y a la baja (riesgo 0), o bien el precio se vuelve por sus pasos a los niveles iniciales sin haber cerrado la gamma. Así, podremos vender las opciones ITM pagando sólo el tiempo que la hemos tenido.

En nuestro ejemplo, hemos supuesto que el mercado es alcista. En caso de que **el mercado se hubiese puesto corto**, la operatoria sería la misma, salvo que habría que comprar el futuro "sintético" en unos 500 puntos por debajo de la put de strike de 8.000.

En cuanto al **timing** de la estrategia, es importante cerrarla "cuanto antes" –aunque eso no dependerá de nosotros, sino de nuestro "amigo" el mercado, así que tengamos paciencia. Lo que sí depende de nosotros es realizar el roll-over antes que se acerque el mes de vencimiento, siempre que no se haya cumplido el spread. Para ello vendemos el cono inicial y compramos el siguiente cono de la nueva gamma scalping para los siguientes meses. Aunque en la experiencia casi nunca se produce el rolo en esta estrategia, ya que los precios se mueven –incluso con baja volatilidad– en torno a los 500 puntos a períodos de 1 mes entre máximo y mínimo. Por ejemplo, en el Ibex-35, desde el año 1998 sólo hubo 4 meses con volatilidad inferior a 500 puntos en un mes, considerando el máximo y el mínimo. Como puede comprenderse, el riesgo de la gamma scalping es muy bajo, y en un altísimo porcentaje de los casos como mínimo se anula el riesgo con el cierre del spread en el paso 2.

Spread de precios

Ésta es otra estrategia muy utilizada por los profesionales en la especulación con opciones financieras. Tiene poco riesgo y además la volatilidad es muy poco influyente. A ello se suman las diferentes alternativas que existen a la hora de cerrar la estrategia.

El objetivo del inversor es conseguir cerrar una horquilla de precios (spread) de coste lo más próximo a 0. Para eso existen diferentes alternativas más o menos pasivas. Veámoslas.

A) Doble spread cerrado. Consiste en la compra de una call o una put y la venta simultánea de una de ellas de strike superior (en el caso de la call) o de strike inferior (en el caso de la put). De modo que el spread puede ser alcista o bajista. La volatilidad apenas influye y tanto el riesgo como el beneficio son limitados. Se trata de una estrategia ya expuesta en otra sección de este libro, lo que haremos ahora será construir un spread alcista y bajista al mismo tiempo, un doble spread.

Gráficamente la posición será la siguiente:

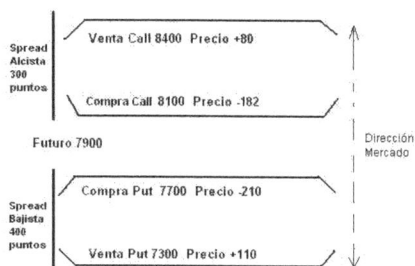

```
Spread        Venta Call 8400  Precio +80
Alcista
300
puntos        Compra Call 8100  Precio -182

       Futuro 7900                              Dirección
                                                Mercado

Spread        Compra Put 7700  Precio -210
Bajista
400
puntos        Venta Put 7300  Precio +110
```

Se ha construido un doble spread a 4 meses de vencimiento, los datos ofrecidos en el gráfico son reales según el precio teórico del subyacente. El desembolso de prima por el spread alcista es de -102€ por contrato. Del spread bajista desembolsamos -100€ por contrato. En total pagamos -202€ por el conjunto de la posición; éste es nuestro máximo riesgo (aunque el riesgo es menor, como veremos más adelante). Nuestro máximo beneficio es de 300€ por contrato si el mercado es alcista, y de 400€ si es bajista.

Para construir la estrategia compramos una call OTM y vendemos otra más OTM, del mismo vencimiento. De igual modo, compramos una put OTM y vendemos otra más OTM. El resultado gráfico es el que di anteriormente; sólo se ganara a vencimiento cuando el mercado cierre por encima de 8.300 o por debajo de 7.500. La ganancia máxima será igual al pago de primas, -202; el spread bajista será de +400; total: +198€ por contrato. Entre estos rangos hay una amplia gama de posibilidades.

Sólo necesitamos que desde el strike de compra de alguna de las opciones el mercado cierre en una variación de 200 puntos. Cuando esperamos un aumento de volatilidad en el mercado, lo mejor es construir el spread partiendo de opciones ITM y venderlas ATM. Cuando la volatilidad esperada es baja, conviene partir de opciones ATM y venderlas OTM

Otra posibilidad es que cerca del vencimiento (menos de un mes) la cotización esté rondando el precio de partida de 7.900 puntos en el futuro. En este caso, será beneficioso vender un cono o una cuna (venta simultánea de call y put) cercana al precio del futuro y con el mismo vencimiento, con lo que recibiremos una prima que superará con creces el diferencial de compra y venta de las opciones, produciéndose un beneficio, sin importar demasiado hacia dónde se dirija el precio, ya que estaremos cubiertos con la call y la put comprada.

Se pueden elegir los spreads que se quieran en función del riesgo/beneficio que se desee asumir; ésa es la ventaja de esta estrategia, en todo momento sabemos los "cuartos" que nos jugamos y el beneficio esperado.

Al tratarse de una estrategia diseñada desde el principio, admite poca variación (salvo la del cono o cuna vendida al final) en función de la evolución del mercado, por eso es más aconsejable la realización del spread abierto.

B) Doble spread abierto. El objetivo es el mismo que en el caso anterior, pero se trata de una forma de especulación mucho más dinámica y con algo menos de riesgo que en el spread cerrado. El inicio de la estrategia es distinto; en el **paso 1** lo que hacemos es simplemente comprar una cuna: compra simultánea de call de strike OTM y de put OTM del mismo vencimiento. El vencimiento, como es sabido, deberá ser de alrededor de 3 meses, a fin de que haya tiempo suficiente para poder cerrar –si es posible– varios spreads; procuraremos alejarnos de vencimientos cercanos. Deberemos decidir de antemano a qué precios cerrar cada spread; sobre 300 puntos de partida es muy realista. El **paso 2** es la venta de alguna de las patas de la cuna comprada, se tratará de una venta de call o de put ITM, lo que nos dará unos ingresos de aproximadamente el coste de la cuna inicial, a la vez que cerramos el spread en una de las horquillas. Veámoslo gráficamente:

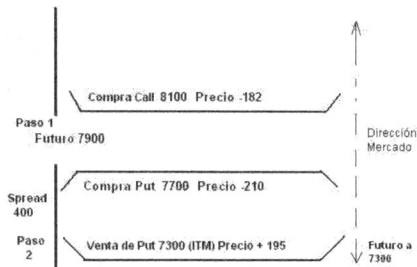

143

Utilizando los mismos datos del ejemplo anterior, hemos comprado la cuna por 392€ por contrato y esperamos un significativo aumento o disminución del precio hasta los niveles elegidos.

Supongamos que el mercado finalmente baja, y lo hace hasta niveles de 7.300 en el futuro del Ibex. El paso 2 consistiría en vender una put ITM del mismo vencimiento, por lo que recibiríamos +195€ por contrato (a 2 meses del vencimiento), cerrando un spread de 400 puntos. Desde ese instante la posibilidad de ganancias al cierre de la estrategia será alta, y con un poco de suerte podremos hacer buena caja.

Ahora **nuestra situación es la siguiente**: una vez cerrado el spread 7.700-7.300, hemos desembolsado en concepto de primas 197€ por contrato. A) Si el mercado cierra por debajo de 7.300 al vencimiento, nuestra ganancia será de -197 por primas y +400 por spread; lo que arroja un beneficio de 203€ por contrato. B) Si el mercado vuelve a niveles de inicio en 7.700-7.900, y estamos cercanos al vencimiento, podemos optar por vender la cuna inicial, lo que nos dará nuevos ingresos por primas que dejarían la situación global neutra, y luego procederíamos a iniciar otro spread con un nuevo vencimiento. C) Si el mercado se torna alcista, podríamos cerrar la pata de la call que compramos en 8.100, procediendo de la misma manera y vendiendo una call ITM; con lo que recibiríamos prima y cerraríamos el spread, teniendo una situación ganadora cuyo potencial dependerá del cierre más o menos alcista al vencimiento.

En este ejemplo hemos optado por determinadas condiciones: cuna OTM, spread de 400 puntos, vencimiento a 4 meses. Pero son parámetros opcionales; se puede elegir la compra de la cuna ATM con un spread inferior, por ejemplo a 200 puntos; las posibilidades de construirse a vencimiento son mayores.

Dejo estos cálculos para que el lector empiece a configurar –tranquilamente– sus propias estrategias; ya es el momento de hacer los "deberes": lápiz, papel e imaginación es todo lo que se necesita.

C) Vendiendo las opciones compradas. Existe otra posibilidad a la hora de deshacer los spreads: comprar un cono en la posición de partida (la call y la put comprada son ATM) e intentar vender directamente la call o la put en función de la dirección del mercado, buscando el valor intrínseco de la opción: trabajando las deltas.

Sabemos que la delta de una opción nos indica la variación de su precio a la variación del precio del subyacente, y que cuanto más ITM está la opción más se aproxima su valor a la unidad, es decir, a las variaciones del subyacente. Por ejemplo, una opción con valor delta aproximado a 1 –muy ITM– variará en la misma proporción que lo haga el subyacente. Las opciones ATM tienden a tener una delta de 0,50; lo que buscamos es que esa delta sea superior a 0,50 (que se convierta en ITM) para venderla y además de recuperar la mayor parte de la prima, podamos ganar el valor intrínseco que corresponderá aproximadamente a la mitad de la variación en el precio.

Por ejemplo, compramos una call ATM por 300€ con la cotización del subyacente a 8.000; el precio del subyacente se eleva a niveles de 8.300, el valor de la opción es de 440€, la vendemos y cerramos la posición. Hemos ganado la mitad de la subida, +150 puntos (se recordará que la delta con la opción en ATM era de 0,5) y hemos perdido "algo" de prima por el paso del tiempo y por el aumento de la delta, con lo que nuestra posición es favorable en 140€ por contrato.

Si posteriormente el precio se vuelve a la baja, podremos hacer lo propio con la put comprada: esperar que se torne algo ITM y venderla directamente. Debo decir que esta estrategia requiere estar siempre en el mercado, por lo que al vender una de las posiciones se debe abrir de nuevo otra posición ATM en la misma dirección: en el primer caso, al vender la primera call y recibir el beneficio de 140€ por contrato, volvemos a comprar otra call ATM por lo que pagaremos otros 300€. Así, estaremos continuamente vendiendo lo comprado, independientemente de que el mercado sea alcista o bajista.

El problema que presenta esta estrategia es que deberemos cerrar por lo menos tres compras antes del vencimiento para que los resultados sean positivos; aunque, por el contrario, los spreads pueden ser bastante cercanos al strike último, con lo que es más fácil su cierre. Eso ya es cuestión de ir echando "cuentas".

Spread de vencimientos

También llamados spread horizontales. Se trata de comprar y vender simultáneamente dos opciones (call o put) del mismo strike, pero con diferentes vencimientos. Cuando vendemos el vencimiento más lejano y compramos el vencimiento más cercano, podemos adoptar una posición bajista en volatilidad. Adoptaremos una posición alcista cuando vendamos el vencimiento más cercano y compremos el más lejano.

¿Cuál es el objetivo de estas estrategias? Apostar por la volatilidad del mercado. Cuando adoptamos una **posición alcista** esperamos un aumento de volatilidad a largo plazo (compra de opción) y deseamos que el mercado no se mueva demasiado en un momento inmediato del tiempo (venta de opción). Si se cumple nuestra apuesta, habremos pagado muy poco por el conjunto de las primas y obtendremos suculentos beneficios si el mercado –una vez vencida la opción a menos vencimiento– aumenta la volatilidad.

Esta tipología de estrategias puede construirse también en **posición corta**, que consiste en vender la opción a largo plazo y comprar la de vencimiento más cercano. En este caso, apostamos por cercanos aumentos de volatilidad y bajada de volatilidad en momentos más alejados.

Se pueden construir tanto con opciones put o call como con ambas a la vez si no sabemos en qué dirección se decantará el precio. El riesgo máximo de estas estrategias

será del 40% de la prima pagada, dado que si nos equivo-
camos en nuestra apuesta siempre podremos neutralizar, en
el vencimiento más cercano, el diferencial de precios con
la compra o venta de un futuro hasta el vencimiento de la
opción larga.

Parte cuarta

Otro tipo de opciones financieras: opciones exóticas

Estas opciones (de segunda generación) se diferencian de las *plain vanilla option* (opciones típicas) por diversas características que pueden añadirse, desde la determinación del precio de ejercicio o del subyacente, el pago diferido de la prima, hasta el número de subyacentes, condicionantes que diferencian las opciones exóticas de las clásicas.

La aparición de estas opciones, por su creciente utilización por los diversos departamentos de entidades financieras, está causando un importante impacto en los mercados de capitales a nivel internacional, y se han implantado como un instrumento tanto para la gestión del riesgo y cobertura como para la especulación. Es muy habitual que los departamentos de banca privada y de gestión de patrimonios elaboren *ad hoc* productos personalizados según el perfil de clientela e incluso a la carta, o que inventen nuevos productos diseñados para ofrecer en banca minorista.

En este marco, las opciones financieras son la principal herramienta a la que se dirigen los gestores para diseñar los diferentes activos financieros estructurados que más tarde venden a sus clientes.

Existe un amplio elenco de opciones exóticas, a saber:

Tipología de Opciones Exóticas

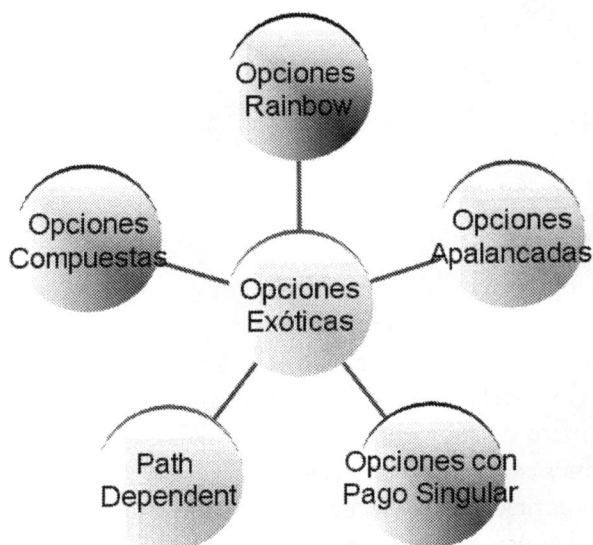

Examinaremos a continuación las características de los diversos tipos de opciones exóticas.

Opciones path dependent

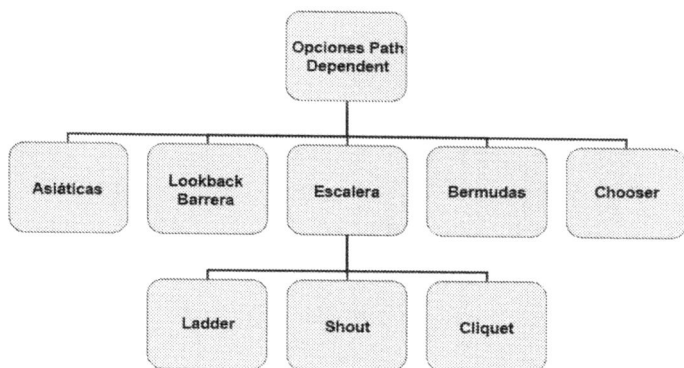

Opciones Path Dependent

Asiáticas | Lookback Barrera | Escalera | Bermudas | Chooser

Ladder | Shout | Cliquet

- **Opciones asiáticas.** También denominadas *average* (promedio) ya que su valor depende de algún tipo de *valor promedio alcanzado por el subyacente de la opción durante la vida de la misma.* Las más comunes son las que se calculan en función del valor promedio alcanzado durante el período completo de vida de la opción, permaneciendo fijo el precio de ejercicio.

- **Opciones lookback.** El valor de esta opción dependerá del precio máximo o mínimo alcanzado por el subyacente durante el período determinado. Es interesante en este aspecto: su tenedor puede beneficiarse de precios pasados que le sean más favorables. Existen dos subtipos de esta tipología: a) *Call lookback*, en la que su poseedor se beneficiará del precio mínimo alcanzado durante la vida de la opción; y b) *Put lookback*, en la que el poseedor tiene derecho a vender al precio más alto alcanzado por la opción. Comúnmente sobre divisas, son opciones retrospectivas que confieren a su tenedor el derecho a comprar una cantidad predeterminada de divisa subyacente al mejor precio o tipo de cambio. La incertidumbre sobre la definición del precio de ejercicio da lugar a que sea más barata que una opción estándar (en el caso At The Money).

- **Opciones barreras.** Son similares a las anteriores, la posibilidad de su ejercicio dependerá de un determinado nivel que alcance el subyacente durante el período de tiempo considerado. Si esto ocurre, la opción se convierte en una opción normal de compra o venta, según el caso call o put.

- **Opciones escalera.** En estas opciones el valor intrínseco al vencimiento depende de una serie de valores predeterminados que se han ido formando a lo largo de la vida de la opción. Debemos diferenciar tres clases:

  - A) *Opciones ladder*: nos permiten asegurar los beneficios cuando el subyacente alcanza un nivel prefijado; así conseguimos cierto beneficio de antemano. El precio es fijo entre unos valores predeterminados y el precio alcanzado finalmente por el subyacente. Si el subyacente no alcanza algunos de los precios predeterminados, el valor intrínseco será el de una opción normal.

  - B) *Opciones shout.* Derivadas de las anteriores, en este tipo de opciones el comprador tiene la posibilidad de ir fijando el precio de ejercicio, aunque un número limitado de veces. Cada vez que se fija un precio de ejercicio el beneficio queda garantizado. Adicionalmente, el precio de la prima de esta opción puede reducirse fijando un *cap (techo)* máximo en el precio de ejercicio.

- C) *Opciones cliquet*. El precio de ejercicio se configura en determinadas fechas cuando se iguala en ellas el valor del subyacente. Los valores intrínsecos que se van alcanzando consecutivamente quedan garantizados para el tenedor de la opción; así se consigue acumular rentabilidades obtenidas durante la vida de la opción.

- **Opciones bermudas**. También denominadas *japonesas*, su estilo de ejercicio es una mezcla de tipo europeo –con ejercicio al vencimiento– y americano –con ejercicio en cualquier momento anterior al vencimiento. Este tipo se utiliza en emisiones de warrants, en las cuales la fecha de vencimiento suele ser mucho más alejada. Una importante característica es que su precio de ejercicio puede ir aumentando con el paso del tiempo.

- **Opciones chooser**. Son del tipo "compre ahora y elija después". El comprador puede elegir, a una fecha prefijada y a un precio de ejercicio predeterminado, si lo que adquirió es una opción de compra (call) o de venta (put).

OPCIONES COMPUESTAS

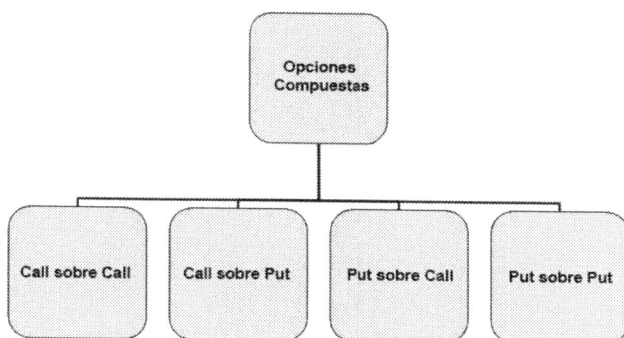

En las opciones compuestas o anidadas (*compoud*) el subyacente es otra opción y existe un doble pago derivado: uno de la opción en sí y otro de la subyacente. Si se ejercitan a vencimiento, su precio es mayor por la doble prima. El precio de la opción en sí es inferior dado que se ejercitará sólo si el precio de la opción "subyacente" toma valor In The Money, con lo que se asegura prima y la posibilidad de ejercer o cerrar la opción —eso sí, antes del vencimiento.

Podríamos definir este tipo de opciones como "condicionadas" al suceso de un precio determinado, que no es sino el valor ITM de la opción "subyacente".

Opciones rainbow

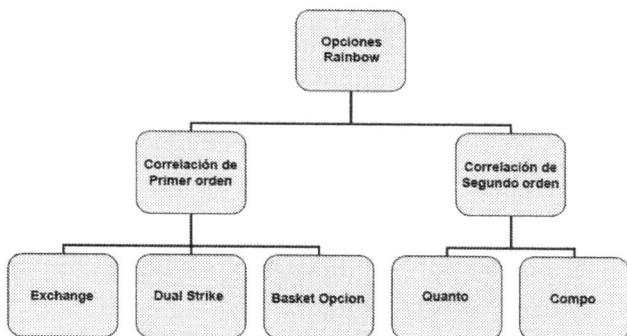

La característica de las opciones rainbow es que actúan sobre más de un subyacente simultáneamente. Cuando en ellas no interviene el tipo de cambio entre divisas, hablaremos de correlación de primer orden; en caso de que exista diferencial de cambio, hablaremos de correlación de segundo orden.

• Dentro de las opciones **sin influencia de cambio de divisas** podemos distinguir tres categorías:

   • A) *Opciones exchange.* Permiten al tenedor de las opciones elegir entre dos activos subyacentes diferentes. Podemos distinguir al vencimiento entre "el mejor de los dos" en el que se entrega al poseedor de la opción el mejor valor a elegir. Por otra parte, distinguiremos las opciones exchange con "el peor de los dos", en el que se entrega el activo de menor valor; aunque el pago de la prima habrá sido claramente inferior al subtipo anterior.

- B) *Dual strike.* Son opciones que se entregan con "el mejor de los dos" valores intrínsecos de los subyacentes, con precios de ejercicio diferentes.

- C) *Opciones basket.* Dan derecho a comprar o vender una cesta de divisas con respecto a una divisa base. En esta tipología, el pago de la prima es bastante más bajo dado el efecto de diversificación, porque muchas de las divisas ITM se compensarán con otras cuyo valor intrínseco se encuentra ATM u OTM al vencimiento. También afectará al coste de la prima la mayor o menor correlación existente entre la cesta de divisas con respecto a la divisa base.

- En las opciones rainbow con **correlación de segundo orden** existe una subdivisión:

  - A) *Opciones quanto.* Se trata de una opción normal pero con la particularidad de que el rendimiento del valor intrínseco se efectúa con una moneda diferente a la contratada. La misión es poder aislar riesgos financieros asociados al tipo de cambio. Las opciones quanto pueden contratarse con un tipo de cambio fijo y pactado de antemano o bien variable al vencimiento de la opción.

  - B) *Opciones compo.* Son opciones quanto sobre un subyacente extranjero, pero reconvertido –al expirar la opción– a la moneda doméstica.

Opciones apalancadas

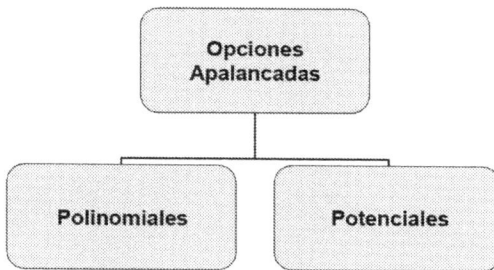

```
        ┌─────────────────┐
        │    Opciones     │
        │   Apalancadas   │
        └────────┬────────┘
                 │
        ┌────────┴────────┐
┌───────────────┐ ┌───────────────┐
│  Polinomiales │ │  Potenciales  │
└───────────────┘ └───────────────┘
```

- **Opciones polinomiales y potenciales**. La característica de este tipo de opciones financieras reside en que el valor intrínseco se determina por una función polinómica o potencial –según la tipología de la opción– en lo que se refiere al subyacente. Aparte del nivel de apalancamiento intrínseco al activo financiero, en este tipo de opciones se produce un apalancamiento aun mayor basado en la función establecida.

OPCIONES CON PAGO SINGULAR

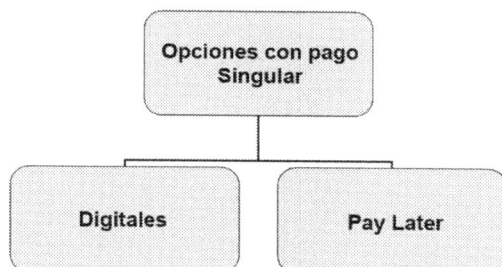

- **Opciones digitales**. También llamadas "opciones apuesta". Su nombre proviene del código binario utilizado en los circuitos electrónicos. Sólo se recibe un valor pactado de antemano en caso de que el subyacente al vencimiento supere el precio de ejercicio. Lógicamente, el precio de la prima pagada estará relacionado con la probabilidad de alcanzar el precio de ejercicio. En este caso, no influye que la opción se encuentre "en el dinero" o "dentro del dinero" al vencimiento.
- **Opciones pay later**. Son aquellas cuya prima es pagada sólo al vencimiento si se cumplen ciertos requisitos. Así, si la opción vence OTM no habrá que pagar prima, mientras que si vence ATM o ITM se restará el pago de la prima del valor a entregar por beneficio intrínseco, aunque el resultado final neto sea negativo para el adquiriente.

COMENTARIO FINAL

Hemos llegado al final del libro, y como colofón me gustaría transcribir una cita de Sheldon Natenberg, que a la postre fue un exitoso especulador con opciones financieras; servirá de muestra de lo que el lector deberá hacer a partir de ahora.

No creo que se pueda aprender a operar con opciones leyendo un libro; es más, dudaría de cualquier persona que lo hiciera habiendo leído el mío. Lo que se debería hacer es usar esos conocimientos junto con la práctica adquirida y el trabajo diario.

Glosario de expresiones
y términos destacados

at the money	*at the money/at-the-money*	*à parité milieu/at-the-money*
bear call spread/spread **vertical** bajista con opciones *call*	*bear call spread*	*spread baissier avec des options call/opération mixte baissière avec des options call/opération mixte à la baisse avec des options call*
bear put spread/spread vertical bajista con opciones *put*	*bear put spread*	*spread baissier avec des options put/opération mixte baissière avec des options put/opération mixte à la baisse avec des options put*
bear spread/spread vertical bajista	bear spread	spread *baissier/opération mixte baissière/opération mixte à la baisse*
beta	*beta*	*bêta*
bottom straddle (v. sin. *long straddle*)		
bottom strangle (v. sin. *long strangle*)		
box spread	*box spread*	*opération mixte symétrique*
bull call spread/spread vertical alcista con opciones *call*	*bull call spread*	*spread haussier avec des options call/opération mixte haussière avec des options call/opération mixte à la hausse avec des options call*

bull put spread/spread vertical alcista con opciones put	*bull put spread*	*spread haussier avec des options put/opération mixte haussière avec des options call/opération mixte à la hausse avec des options put*
bull spread/spread vertical alcista	*bull spread*	*spread haussier/opération mixte haussière/opération mixte à la hausse*
butterfly spread/spread mariposa	*butterfly spread*	*opération mixte du papillon/ spread papillon/butterfly spread*
call (v. sin. opción de compra)		
call corto (v. sin. venta de una opción de compra)		
call largo (v. sin. compra de una opción de compra)		
clase de opción	*option class*	*classe d'option*
coeficiente beta (v. beta)		
coeficiente de correlación	*coefficient of correlation*	*coefficient de corrélation*
coeficiente de determinación	*coefficient of determination*	*coefficient de détermination*
coeficiente delta (v. delta)		
coeficiente gamma (v. gamma)		
coeficiente rho (v. rho)		
coeficiente theta (v. theta)		
coeficiente vega (v. vega)		
compra de un *spread* mariposa (v. sin. *long butterfly*)		
compra de una opción de venta/ *long put/put* largo	*long put*	*put en position longue/ long put*
compra de una opción de compra/*long call/call* largo	*long call*	*call en position longue/ long call*
cóndor (v. sin. *spread condor*)		
cono (v. sin. *short straddle*)		
cono invertido (v. sin. *long straddle*)		

cono truncado (v. sin. *short strangle*)		
cono truncado invertido (v. sin. *long strangle*)		
delta	*delta*	*delta*
ejercer	*exercise*	*exercer/lever*
gamma	*gamma*	*gamma*
in the money	*in the money/ in-the-money*	*en dedans/en jeu/in-the-money*
índice (v. índice bursátil)		
índice bursátil	*stock index*	*indice boursier*
long butterfly/compra de un *spread* mariposa	*long butterfly*	*opération mixte du papillon en position longue/spread papillon acheteur/long butterfly*
long call (v. sin. compra de una acción de compra)		
long put (v. sin. compra de una opción de venta)		
long straddle/bottom straddle/ cono invertido/ *straddle* inferior	*long straddle/ bottom straddle*	*straddle en position longue/* straddle *inférieur/* long straddle/ bottom straddle
long strangle/bottom strangle/ cono truncado invertido/ *strangle* largo/ *strangle* inferior	*long strangle/ bottom strangle/ bottom vertical combination*	*strangle en position longue/ strangle supérieur/ long strangle/bottom strangle*
opción	*option*	*option*
opción americana/	*American option/*	*option américaine/*
opción de tipo americano	*American-style option*	*option de type américain*
opción cubierta	*covered option*	*option couverte*
opción de compra/*call*	*call*	*option d'achat/call*
opción de tipo americano (v. sin. opción americana)		
opción de venta/*put*	*put*	*option de vente/put*
opción descubierta/ opción expuesta	*naked option/ uncovered option*	*option découverte*
opción expuesta (v. sin. opción descubierta)		
opciones europeas/ opción de tipo europeo	*European option/ European-style option*	*option européenne/ option de type européen*

out of the money	*out of the money/* *out-of-the-money*	*en dehors/hors jeu/out-of-the- money*
precio de ejercicio	*exercise price/* *strike* *price/striking price*	*prix d'exercice/* *prix de levée/prix de base*
prima	*premium*	*prime*
put (v. sin. opción de venta)		
put corto (v. sin. venta de una opción de venta)		
put largo v. sin compra de una opción de venta)		
ratio call spread	*ratio call spread*	*ratio call spread*
ratio call spread inverse	*ratio call spread inverse*	*ratio call spread inverse*
ratio put spread	*ratio put spread*	*ratio put spread*
ratio put spread inverse	*ratio put spread inverse*	*ratio put spread inverse*
rho	*rho*	*rho*
short butterfly/ venta de un *spread* mariposa	*short butterfly*	*opération mixte du papillon* *en position courte/spread papillon vendeur/short butterfly*
short call (v. sin. venta de una opción de compra)		
short put (v. sin. venta de una opción de venta)		
short straddle/top straddle/ cono/ *straddle* corto/ *straddle* superior	*short straddle/top straddle*	*straddle en position courte/ straddle supérieur/short straddle/ top straddle*
short strangle/top strangle/ cono truncado/*strangle* corto/ *strangle* superior	*short strangle/top strangle/* *top vertical combination*	*strangle en position courte/* *strangle supérieur/ short strangle/top strangle*
spread	*spread*	*écart/opération mixte/ spread*
spread condor/cóndor	*spread condor*	*opération mixte du condor/* *spread condor*
spread diagonal	*diagonal spread*	*opération mixte diagonale/* *spread diagonal*

spread horizontal/ *spread* temporal	*horizontal spread/ calendar spread/ time spread*	*opération mixte horizontale/ spread horizontale/spread calendaire*
spread mariposa (v. sin. *butterfly spread*)		
spread vertical	*vertical spread/ money spread/price spread*	*opération mixte verticale/ spread vertical*
spread vertical alcista con opciones *call* (v. sin. *bull call spread*)		
spread vertical alcista (v. sin. *bull spread*)		
spread vertical alcista con opciones *put* (v. sin. *bull put spread*)		
spread vertical bajista con opciones *call* (v. sin. *bear call spread*)		
spread vertical bajista (v. sin. *bear spread*)		
spread vertical bajista con opciones *put* (v. sin. *bear put spread*)		
straddle	*straddle*	*stellage/straddle*
straddle corto (v. sin. *short straddle*)		
straddle inferior (v. sin. *long straddle*)		
straddle superior (v. sin. *short straddle*)		
strangle	*strangle*	*strangle*
strangle corto (v. sin. *short strangle*)		
strangle inferior (v. sin. *long strangle*)		
strangle largo (v. sin. *long strangle*)		
strangle superior (v. sin. *short strangle*)		
theta	*theta*	*Thêta*
tipo de opción	*option type*	*type d'option*

serie de opciones	option series	série d'options
top straddle (v. sin. short straddle)		
top strangle (v. sin. short strangle)		
valor intrínseco	intrinsic value	valeur intrinsèque
valor temporal	time value/ extrinsic value	valeur temporelle/prime de risque/valeur-temps
valoración de opciones	option pricing	valorisation d'options
vega	vega	Véga
venta de un spread mariposa (v. sin. short butterfly)		
venta de una opción de venta/ short put/put corto	short put	put en position courte/ short put
venta de una opción de compra/ short call/call corto	short call	call en position courte/ short call

BIBLIOGRAFÍA

De la Loma, Alexey, *Las voces de los maestros de los mercados financieros*, Madrid, Millennium Capital, 2006.

García Machado, Juan José y otros, "Opciones Exóticas", *Boletín Económico ICE*, Nº 2673, nov-dic 2002.

Hull, John C., *Introducción a los mercados de Futuros y Opciones*, Madrid, Prentic Hall, 2002.

Lamothe, Prosper y Soler, José Antonio, *Swaps y otros derivados OTC en tipos de interés*, Madrid, McGraw-Hill, 1996.

Martínez Abascal, Eduardo, *Futuros y Opciones en la gestión de carteras*, Madrid, McGraw-Hill, 1999.

Merton, Millar, *Los mercados de Derivados*, Barcelona, Gestión, 2000.

Samuelson, Paul y Nordhaus, William, *Economía*, México, McGraw-Hill, 1986.

Santos Peñas, Julian *et. al.*, *La Bolsa. Funcionamiento, análisis y estrategias de inversión*, Madrid, Editorial Académica, 2002.

VV.AA., *Introducción a las opciones*, Madrid, Instituto MEFF, 1999.

VV.AA., "La Gestión en la Incertidumbre", *Harvard Business Review*, Bilbao, Deusto, 1999.

VV.AA., "Gestión Alternativa", revista digital sobre Sistemas de Trading y Bolsa. Baeza-Zaragoza, 2005-2006.

ÍNDICE

Editorial LibrosEnRed

LibrosEnRed es la Editorial Digital más completa en idioma español. Desde junio de 2000 trabajamos en la edición y venta de libros digitales e impresos bajo demanda.

Nuestra misión es facilitar a todos los autores la **edición** de sus obras y ofrecer a los lectores acceso rápido y económico a libros de todo tipo.

Editamos novelas, cuentos, poesías, tesis, investigaciones, manuales, monografías y toda variedad de contenidos. Brindamos la posibilidad de **comercializar** las obras desde Internet para millones de potenciales lectores. De este modo, intentamos fortalecer la difusión de los autores que escriben en español.

Nuestro sistema de atribución de regalías permite que los autores **obtengan una ganancia 300% o 400% mayor** a la que reciben en el circuito tradicional.

Ingrese a www.librosenred.com y conozca nuestro catálogo, compuesto por cientos de títulos clásicos y de autores contemporáneos.

www.ingramcontent.com/pod-product-compliance
Lightning Source LLC
Chambersburg PA
CBHW021559210326
41599CB00010B/515